정보경제학과
4차산업혁명

Information Economics & The Fourth Industrial Revolution

김종권

박영사

본서는 정보경제학(Information Economics)과 관련된 것으로 경제학을 전공하지 않은 타전공의 자격증 준비생들과 일반 대중들도 쉽게 읽을 수 있도록 정리하였다. 그리고 4차 산업혁명(The Fourth Industrial Revolution)에 대하여 같이 다루어 무수히 매일 생성되는 빅데이터(Big Data)의 개념인 정보가 어떻게 인간의 삶에 있어서 기여를 하고 가치를 부여하는지와 관련하여 살펴보았다.

정보와 관련된 분석은 아커로프(Akerlof, 1970), 스펜스(Spence, 1974)와 로스차일드-스티글리츠 내쉬균형(Rothschild-Stiglitz Nash Equilibrium, 1976)과 관련된 모형에서부터 게임이론(Game Theory)에 이르기까지 다양한 분석의 방법과 해석 등이 이루어져 현재에 이르고 있다.

이 책의 구성은 다음과 같다. 제1부 정보경제학과 불확실성의 원칙에서 제1장 정보경제학과 게임이론에 대하여 소개하고자 하였다. 이에 따라 제1절 정보경제학의 정의 및 전개와 제2절 게임이론의 정의와 전략, 제3절 내쉬균형의 문제점과 정제성, 제4절 완벽한 하위게임과 정보경제학의 의미 등을 다루고 있다. 그리고 제2장 불확실성의 원칙과 불리한 역의 선택에서는 제1절 정보경제학과 불확실성의 원칙과 제2절 불리한 역의 선택과 선별문제로 구성되어 있다.

제2부 신호체계와 정보비용에서는 제3장 신호체계와 모형의 제1절 신호체계와 선별 모형과 제2절 신호체계와 구체적인 모형 연구를 다룬다. 제4장 정보의 습득과 정보 검색비용에서는 제1절 정보의 습득과 비용, 제2절 가격(수익률)과 정보 검색비용에 대하여 살펴보고자 한다.

제3부 정보 검색비용과 효율성은 제5장 정보 검색비용과 거래의 중앙 집중화에서 제1절 정보 검색비용과 가격 또는 비용 분산과 제2절 고유 상품의 경우 거래의 중앙 집중화를 다루고자 한다. 그리고 제6장 정보와 시장의 변화 가능성 및 효율성에서는 제1절 정보와 시장의 변화 가능성과 제2절 정보의 불완전성과 분배, 효율성으로 구성되어 있다.

제4부 정보경제와 4차 산업혁명의 제7장 정보 보급과 4차 산업혁명에서는 제1절 정보와 IT산업과 제2절 정보와 지적 재산의 중요성, 제3절 정보의 발달과 4차 산업혁명 등을 다루고자 한다. 또한 이와 같은 정보경제와 4차 산업혁명의 내용들이 한국의 현실경제에 어떻게 반영되고 있는지와 관련하여 한국은행 경제통계검색시스템의 자료들을 토대로 설명하기로 한다.

이 책은 정보경제와 관련된 자격증 준비 혹은 기업경영 혹은 근무자들이 매일 당면하는 의사결정(decision making)에 도움을 주고자 한다. 자격증과 관련해서 이론적인 문제 이외에도 시사적이거나 응용문제 등이 출제될 수 있으므로 이에 대비하기 위해 이론적인 측면과 이것의 추론이 가능하도록 연계하여 실무적인 측면을 함께 고려하여 집필하였다.

또한 게임이론도 소개하여 이와 같은 의사결정의 체계에 대하여 경영학이나 사회학, 정치학 등 전반적인 학문분야에도 유익이 되고자 하였다. 이에 따라 특별한 지식이 없어도 일반 대중들도 빅데이터 정보를 어떻게 해석해야 하는지와 함께 국가 간 또는 지역 간, 개인 간에 걸쳐서 일어나는 의사결정에도 도움을 주고자 하였다. 또한 4차 산업혁명에 이러한 정보기술(information technology)적인 혁신이 어떻게 전개되고 있는지와 관련하여 이공계의 전공자들이나 이공계 측면에서 종사하는 분들도 관심 있게 볼 수 있도록 구체적인 데이터 등을 통하여 살펴보았다.

이 책이 출간될 수 있도록 많은 배려를 해주신 박영사 안종만 회장님을 비롯한 박영사 직원 분들께 진심으로 감사말씀을 드린다. 특히 손준호 과장님께는 출간의 처음과 끝까지 세심하게 조언을 해주신 점에 대하여 깊은 감사의 말씀을 드린다. 신한대학교에서 교육과 연구 활동에 전념할 수 있도록 하여 집필이 순조롭게 되도록 배려해 주심에 무한한 감사 말씀을 드린다.

그리고 편안하게 책 집필에 전념할 수 있도록 도와주신 가족 분들 모두에게 진심어린 감사의 말씀을 드리고, 항상 보호해주시고 인도해주시는 하나님께 말로 표현할 수 없는 무한한 감사를 드린다. 이 책을 통하여 공부하시고 연구하시는 모든 학생 분들과 전문가 분들, 기업경영인 분들, 정부 및 공공기관에 계시는 분들과 일반 독자 분들 모두에게 깊은 감사의 말씀을 드린다.

2018년 9월

김종권

PART 1

정보경제학과 불확실성의 원칙

정보경제학과 게임이론

제1절 정보경제학의 정의 및 전개

정보경제학은 어떻게 생겨났으며, 어떠한 기여를 하고 있을까? 이는 경제학의 큰 분류인 거시경제학과 미시경제학의 체계에서 시장의 기능이 '보이지 않는 손'인 가격 메커니즘(price mechanism)이 원활히 작동되지 않는 시장의 실패(market failure)와 신호체계 등을 본격적으로 연구하면서 비롯된 것으로 파악된다. 여기에는 스티글러(Stiglitz), 스펜스(Spence), 아커로프(Akerlof)에 의하여 본격적인 연구와 학문으로서의 정보경제학과 게임이론(game theory)에 공헌을 하면서 자리를 잡았고 최근까지 매우 유용한 응용경제학(applied economics)의 한 분야에서 더 나아가 경영학 및 산업공학 분야 등에도 널리 연구가 행하여지는 학문 분야이다. 이 분야에서 노벨상의 업적이 2명의 석학에게 주어지고 이것이 매우 유용한 응용학문분야로 자리매김하면서 4차 산업혁명에 대한 설명 및 예측 가능성에도 기여할 것으로 판단되어 저술을 하게 되었다. 이는 향후 세계가 아무도 예측하기 어려운 4차 산업혁명에 대비해 비대칭정보에 대한 접근방법을 설명하여 향후 시장경제 체제를 조금이나마 이해하고 대비해 나가는 것을 「정보경제학과 4차 산업혁명」이라는 책의 목적과 분석방법으로 하기로 한다.

시장의 실패는 주로 외부적인 효과(external effect)에 기인하고 있다. 이는 결국에는 외부적인 경제(external economy)와 외부적인 불경제(external diseconomy)에 의하여 사회 및 경제적인 영향을 주게 된다. 외부적인 경제는 사회 및 경제적으로 플러스섬(plus sum) 게임에서와 같이 긍정적인 방향에서 시너지의 효과(synergy effect)를 줄 수 있다. 하지만 외부적인 불경제가 결국에는 문제될 수밖에 없는데, 이는 경제적인 문제를 벗어나 정치적인 영역에까지 이르게 된다. 외부적인 불경제는 사회적(social)으로나 사회적인 측면을 고려한 경제적(social economy)으로 이상적인(desirable) 수준의 생산보다 더 많은 생산이 초래되고 이에 따른 부작용이 뒤따르게 되는 현상을 의미한다. 따라서 정치적 및 국민적인 함의에 의하여 생산수준을 낮추는 방향으로 조절하는 과정이 있을 수 있다.

비대칭정보는 도덕적인 해이(moral hazard)와 반대적인 선택(adverse selection)으로 나누어서 흔히 살펴볼 수 있다. 도덕적인 해이는 사회적 및 경제적, 정치적, 공학적인 모든 측면에서 다루어질 수 있는 부분이다. 이는 주인과 대리인 간의 문제(principal agent problem)로 연결되기도 한다. 즉, 정보의 부족으로 인하여 인력의 채용이나 계약 간의 관계에서 처음 맺은 조건을 충실히 이행하느냐 또는 그렇지 못하느냐와 관련된 것이다. 반대적인 선택의 경우에도 정보의 부족에 기인하는 현상을 의미한다. 결국 정보의 부족은 계약을 체결하려 할 때 회사의 입장에서 생각하는 유리한 방향의 영업활동이 오히려 이익보다는 적자로 귀결될 수 있는 형태로 진행될 수 있다는 것을 의미한다. 건강과 관련된 보험을 비롯하여 여러 가지 분야에서 현실적으로 적용이 가능한 것이다.

〈그림 1-1〉과 〈그림 1-2〉의 경우 각각 1980년도부터 2016년까지 미국(좌)과 일본(우)의 경제성장률(단위: 연간, %) 및 1980년도부터 2016년까지의 유로지역 경제

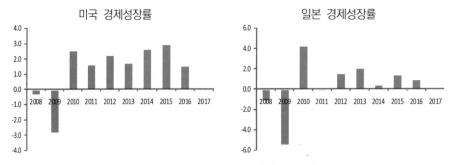

| 그림 1-1 | 1980년도부터 2016년까지 미국(좌)과 일본(우)의 경제성장률   (단위: 연간, %)

유로지역 경제성장률   독일 경제성장률

| 그림 1-2 | 1980년도부터 2016년까지의 유로지역 경제성장률(좌)과 1980년도부터 2017년
까지 독일(우)의 경제성장률　　　　　　　　　　　　　　　　　　　　(단위: 연간 %)

성장률(좌)과 1980년도부터 2017년까지 독일(우)의 경제성장률(단위: 연간, %)의 동향
과 관련된 것이다. 각각의 자료 출처는 한국은행의 경제통계검색시스템[간편검색]
에 의한 것이다.[1]

　생산측면에서 살펴볼 때 선진국의 경제체제가 저성장(low growth) 국면에 놓여 있
음을 알 수 있다. 이와 같은 저성장의 선진국형 경제체제에 있어서는 각종 환경적
인(environmental) 이슈와 인권적인 측면이 존중되기 때문에 과거와 같이 고성장의
개발도상국(developing countries)의 체제와 달리 사회적인 측면을 고려한 경제적
(social economic)으로 이상적인(desirable) 수준의 생산보다 더 많은 생산이 초래되고
있는지에 대해 보다 엄격히 관리를 하게 되는 것이다. 이와 같은 이상적인 수준은
미세먼지를 포함한 각종 사회적인 이슈와 건강 등 종합적인 국민의 권리를 감안한
생산수준과 관련된 것이다.

　한편 정보경제학의 발전에 결정적인 기여를 한 인물 중에 한 명인 아커로프(Akerlof,
1970)는 중고제품의 시장에 대해 설명하고 있다.[2]

　판매자는 합리적인 소비자보다 질적으로 더 고급 정보를 갖고 있으므로 제품에
대한 질적인 불확실성이 발생될 경우를 생각해 보자. 소비자는 결국에 피해를 볼
것을 알고 최대한 가격을 낮추려고 하기 때문에 중고제품 시장에서는 정상적인 가

1　http://ecos.bok.or.kr/
2　Jonathan L.(2001), "Information and the market for lemons", *RAND Journal of Economics*,
　32(4), pp. 657~666.

격 수준보다 훨씬 낮아질 수밖에 없다. 이에 따라 이러한 중고제품의 시장에서는 비대칭적인 정보에 의한 시장의 실패 현상이 나타나게 된다.

이는 상대방과의 정보에 있어서 차이가 발생되기 때문에 일어나는 것이다. 이와 같은 정보의 비대칭성은 각종 시장경제(market economy) 체제에서도 흔히 발생할 수 있다. 흔히 가격적인 메커니즘에 의하여 모든 것이 합리적(rational)으로 결정될 것으로 보이지만, 실제로는 각 경제주체 간에 모든 정보가 완전히 일치한다고 단언할 수 없는 것이 현실이다. 이에 따라 정보의 점진적(gradually) 확산이론 등이 가격을 중심으로 하는 시장 등에서도 활발하게 연구되고 있는 것이다.

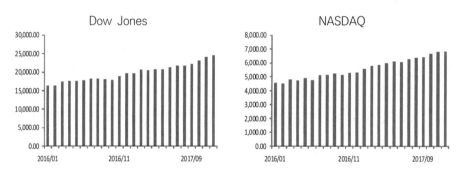

| 그림 1-3 | 2016년 1월부터 2017년 12월까지의 미국 다우존스(Dow Jones)(좌)지수와 미국의 나스닥(NASDAQ)(우)지수의 동향

(단위: 다우존스 1896.5.26=40.96, 나스닥 1971.2.5=100)

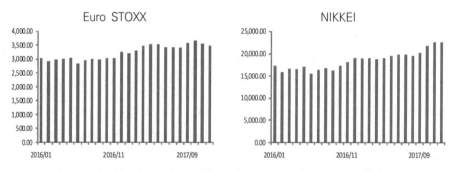

| 그림 1-4 | 2016년 1월부터 2017년 12월까지의 유로 스톡스(Euro STOXX)(좌)지수와 일본의 니케이(NIKKEI)(우)지수의 동향

(단위: 유로 스톡스 1989.12.29=1000, 니케이 1949.5.16=176.21)

〈그림 1-3〉은 2016년 1월부터 2017년 12월까지의 미국 다우존스(Dow Jones)(좌)지수와 미국의 나스닥(NASDAQ)(우)지수이고, 〈그림 1-4〉는 2016년 1월부터 2017년 12월까지의 유로 스톡스(Euro STOXX)(좌)지수와 일본의 니케이(NIKKEI)(우)지수의 동향을 나타내고 있다. 각각의 자료 출처는 한국은행의 경제통계검색시스템[간편검색]에 의한 것이다.

이와 같은 주식시장(stock market)에서도 효율성(efficiency)에 입각하여 '자본주의의 꽃'이라고 흔히 알려져 있지만 정보의 비대칭성과 관련된 연구가 활발히 진행되고 있다. 즉, 정보의 산업 간 점진적인 확산(spread)에 관련된 것이다.

앞에서 소개한 아커로프는 비대칭한 정보의 심각한 결과로 인하여 시장 붕괴의 가능성을 의미하고 있다. 하지만 스펜스(Spence, 1974)는 이와 달리 비대칭한 정보가 있다고 하더라도 실제로 시장 실패가 흔히 발생하지 않는다고 주장하였다. 즉, 아커로프가 주장한대로 시장이 실패하지 않을 수 있다는 것이다.[3]

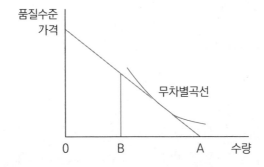

| 그림 1-5 | 품질과 수량을 고려한 중고시장에서의 반대적인 선택 모형의 응용

아커로프는 판매자와 소비자가 두 명이 있을 경우 판매자와 소비자의 거래 행위(behavior)가 다를 수 있음을 지적하고 있다. 특히 소비자의 소비 행위에 있어서 영향을 미치는 비대칭적인 정보가 적용될 경우 소비자는 중고시장에서의 비대칭적인 정보로 인하여 품질 수준을 믿지 못하기 때문에 가격을 매우 낮추어 공공재(public goods)에서 흔히 발생하는 것처럼 가격이 0(영)인 수준까지 하락하여 중고시장의 붕

---

3 Brown, S. and Sessions, J.(1999), "Education and Employment Status: A Test of the Screening Hypothesis for Italy", *Economics of Educational Review*, 18, pp. 397~404.

괴(bankruptcy)까지 이르는 시장의 실패(market failure)가 발생할 수 있다는 것이다.

하지만 스펜스 모형에서는, 즉 특성별 비용을 가진 시그널링의 설정을 통하여 직원들의 경우 자신의 생산성을 고용주보다 잘 알고 있으며, 균형을 이루기 위해 우수한 정보를 효과적으로 전달할 수 있다는 것이다. 예를 들어, 고용주는 근로자의 교육 수준을 제외하고는 근로자의 생산성(productivity)인 Pd를 직접 관찰할 수 없다는 인식하에 근로자를 고용하게 된다. 따라서 고용주는 교육 수준에 따라 임금(Wage)인 W(Ae)를 결정한다. 근로자의 생산성은 본래의 능력(ability) 수준인 Ay 및 근로자들 각자가 스스로 노력하여 획득하게 되는 교육 수준인 Ae에 의하여 근로자의 생산성인 Pd = Pd(Ae, Ay)에 의하여 결정되게 된다. 하지만 교육을 받는 데는 다양한 비용(Cost)이 필요하다. 즉, 비용인 Ct = Ct(Ae, Ay)이다. 여기서 PdAe > 0, PdAy > 0, CtAe > 0, CtAy < 0라고 가정할 수 있다. 이러한 모형에 의한 목표는 근로자가 교육을 이용할 수 있도록 분리 균형의 존재에 대한 몇 가지 조건을 찾는 것이다. 이러한 분리 균형은 근로자들이 자신의 잠재되어 있는 능력을 표출하는 시그널로서 교육수준을 활용하는 것이다.

$$\max_{Ae} W(Ae) - Ct(Ae, Ay) \text{---} (1)$$

여기서 1계 조건은 각각의 능력 수준인 Ay에 대하여 $W(Ae) = Ct(Ae)$이라는 것이다. 그리고 동시에 노동시장의 조건은 균형에서 $W(Ae) = Pd(Ay, Ae)$이다. 여기서 최적화의 문제 해결은 식 (1)과 같은 $\max_{Ae} W(Ae) - Ct(Ae, Ay)$이다. 근로자의 본래의 능력인 Ay는 관찰가능한 수치이고, $W(Ae) = Pd(Ae, Ay)$라는 조건은 항상

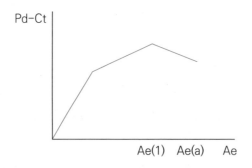

| 그림 1-6 | 스펜스 모형을 응용한 최선과 차선의 결과(해)의 수치

유지되어 균형이 아니라도 이루어진다. 따라서 $W(Ae)$는 $Pd(Ae, Ay)$에 의하여 나타나는 대상이 되는 것이다. 즉, 결론적으로 $\max_{Ae} Pd(Ae, Ay) - Ct(Ae, Ay)$를 해결하는 것이 중요한 것이다. 사회적인 최적 해인 $Ae(1)$은 $Ct_{Ae}(1) = Pd_{Ae}(1) = W_{Ae}(1)$을 만족해야 한다. 완전한 정보가 공유 가능한 $Ae(1)$과 비대칭적인 정보에 놓여 있는 $Ae(a)$의 수준을 비교할 때 완전한 정보가 공유 가능한 $Ae(1)$ 수준이 높게 되는 것이다.

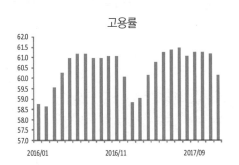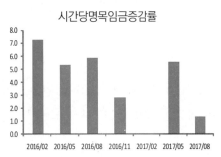

| 그림 1-7 | 2016년 1월부터 2017년 12월까지의 고용률(좌)과 시간당명목임금증감률(우)의 동향 (단위: %)

〈그림 1-7〉은 2016년 1월부터 2017년 12월까지의 고용률(좌)과 시간당명목임금증감률(우)의 동향(단위: %)이고, 〈그림 1-8〉 2016년 1월부터 2017년 12월까지의 노동생산성증감률(좌)과 단위노동비용증감률(우)의 동향(단위: %)을 나타낸 것이다. 각각의 자료 출처는 한국은행의 경제통계검색시스템[간편검색]에 의한 것이다.

여기서 단위노동비용증감률을 상회하는 노동생산성증감률이 있을 경우 시간당명목임금증감률과 관련하여 스펜스모형에서 지적한 바와 같은 $\max_{Ae} W(Ae) - Ct(Ae, Ay)$이 달성될 수 있을 것이다. 또한 완전한 정보가 공유 가능한 경우에 있어서 더 높은 수준에 도달할 것으로 판단된다.

자체 선택 모형에서는 다른 접근으로 정보와 관련하여 생각해 볼 수 있다.[4] 일반적으로 보험시장은 잠재적으로 엄청난 반대적인 선택, 즉 역의 선택이라는 불리한

---

4 Netzer, N. and Scheuer, F.(2007), "Taxation, Insurance and Precautionary Labor", *Journal of Public Economics*, 91, pp. 1519~1531.

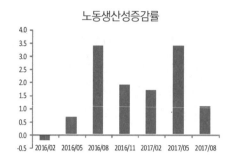

| 그림 1-8 | 2016년 1월부터 2017년 12월까지의 노동생산성증감률(좌)과 단위노동비용증감률 (우)의 동향

(단위: %)

선택을 가지고 있으며, 이는 시장 붕괴로 이어질 수 있다. 그러나 실제로 우리는 여전히 보험 시장이 기능하고 있음을 알고 있다. 이와 관련된 궁금증으로는 반대적인 역의 선택에도 불구하고 평형이 존재하는 평형 모델을 설계할 수 있는가와 관련된 것이다.

지금 당장 사고가 발생하지 않을 때 수입이 We인 개인이 있다고 상정해 보자. 사고가 발생할 확률은 pr로서 개인이 소득인 We−pt를 누리게 된다. 여기서 pt는 사고 때 보험보상액과 상관없이 개인이 지불해야 하는 금액에 해당한다. 그리고 개인이 보험에 가입하고 지불했을 경우에 그 금액을 d1이라고 하고, $\hat{d2}$를 사고발생 이후 보험회사로부터 지불받을 수 있는 청구액이라고 하자. 효용(utility)의 함수에서 개인은 위험 회피적이며, 보험회사는 위험 중립적이라고 하자. 사고가 발생하지 않았을 경우 개인의 소득은 W1e ≡ We − d1을 W1e로 표시하고, 사고 발생 시 개인 소득을 W2e로 표시한다. 즉 W2e ≡ W − pt − d1 + $\hat{d2}$ ≡ W − pt + d2.

보험 수요 측면에서, 개인은 V(pr, W1e, W2e) = (1 − pr) U(W1e) + p U(W2e)의 형태로 기대 효용을 최대화한다. 여기서 효용함수 U의 1차 미분은 0보다 크고, U의 2차 미분은 0보다 작다는 것을 가정한다. 개인이 보험계약과 관련하여 지불하는 금액인 d1과 사고 시 보험회사로부터 지급받게 되는 금액인 d2의 가치는 V(pr, d1, d2) = V(pr, W − d1, W − pt + d2)가 된다. 그러므로 위험 확률인 pr을 갖는 개인에 대한 최적화 문제는 기대 효용을 최대화하기 위해 (d1, d2)를 선택하는 것이다.

여기서 우리는 개개인별 합리성 조건이 성립한다고 가정한다. 즉, V(pr, d1, d2) ≥ V (pr, 0, 0) ≡ V (pr, We, We − pt)이라는 것이며, 보험회사의 정책은 개개인에게 보험 가입에 따라 금전적으로 미가입보다 혜택이 더 크게 해야 한다는 것이다. 보험회사도 또한 보험 공급 측면에서 기대 수익을 극대화하려고 노력하고 있다고 가정한다. 즉, π(pr, d1, d2) = (1 − pr) × d1 − pr × d2여야 한다는 것이다. 이제 수입과 관련된 두 변수인 W1e와 W2e에서 수익함수는 다음과 같다. 즉,

$$\pi = d1 - pr \times (d1 + d2) = We - (1 - pr) \times W1e - pr\,W2e - pr \times pt \cdots\cdots (2)$$

가정으로 모든 보험 회사는 위험 중립적이다. 시장으로의 자유로운 진출이 이루어질 경우 보험회사의 기대 수익이 0이 되게 된다. 즉,

$$\pi = 0, \ \text{또는} \ (1 - pr) \times W1e + pr \times W2e = We - pt \cdots\cdots\cdots\cdots (3)$$

보험회사에 있어서 0의 수익선(ZPL, zero−profit line)이 발생하게 된다. 더욱이 0의 수익선의 기울기는 전미분과 부분 미분방정식을 통하여 $dW2e/dW1e = -(1 - pr)/pr$ 과 같다. 따라서 0의 수익선은 음의 기울기를 갖고 있으며, 음의 기울기의 크기는 사고 발생 시 개인별 위험 수준에 의존한다.

로스차일드−스티글리츠 내쉬균형(Rothschild−Stiglitz Nash Equilibrium, 1976)은 소비자가 기대하는 효용을 극대화하기 위해 계약을 선택할 때 보험 계약의 집합으로 정의하고 있다. 첫째, 균형에 있어서 어떠한 계약도 보험 회사들에게 대하여 손해를 초래하지 않는다. 둘째, 균형 이외의 어떠한 계약도 보험 회사들에게 있어서 이익을 제공하지 않는다. 이와 같은 정의는 매우 자연스럽게 보이지만 매우 제약을 가져오게 된다. 현재로서는 대칭 정보를 사용하여 모델에 대한 최상의 솔루션을 얻을 수 있다. 즉, 0 이윤 조건에 해당하는 합리적인 가격은 다음과 같다.

$$pr = \frac{d1}{d2} \ \text{또는} \ \frac{pr}{1 - pr} = \frac{d1}{d2} \cdots\cdots\cdots\cdots\cdots\cdots\cdots\cdots (4)$$

즉, 보험의 가격은 사고발생의 주관적인 확률과 같아야 한다는 것이다. 개개인들의 최적화 문제는 다음과 같다.

$$\max_{d1} pr\,U(We - pt - d1 + d1/pr) + (1 - pr)\,U(We - d1) \cdots\cdots\cdots (5)$$

완전보험 $d1 = pr \times pt$는 확실성 하에서 기대 부에 도달할 수 있고, 위험회피는 $W1e = W2e$의 완전보험에 이르게 된다. 즉, 기대소득이 확실하고 소비자들의 최적화 문제를 해결하기 위한 1−계조건 하에서 보험회사의 0의 이윤조건이 일치하게 되어 균형은 45° 선의 교차점이 된다. 0의 수익선(ZPL, zero−profit line)의 기울기는 $\dfrac{-(1-pr)}{pr}$과 같다. 그림과 같이 하나의 균형점이 예시되어 있다. 동북쪽의 방향으로 이동하게 되면, 개인의 등효용곡선이 증가하게 되며 보험 회사의 이익 수준은 줄어들게 된다.

〈그림 1−9〉는 로스차일드−스티글리츠 내쉬균형의 응용 사례이다. 개개인들은 위험회피에 해당하기 때문에 KL곡선이 아니라 KM곡선과 같이 동일한 등효용곡선의 경우 W1e 상태에서 W2e 상태로 이동하게 된다. 따라서, 앞에서 지적한 바와 같이 개인의 등효용곡선이 증가하게 되고 보험 회사의 이익 수준은 줄어들게 되는 과정을 거치게 되는 것이다. 한편, 이제 모델에 비대칭을 넣어 대입하면 다음과 같다. 각 개인은 고위험 유형 또는 저위험의 유형 두 가지 유형 중 하나일 수 있다고 가정할 수 있다. 또한 각 개인은 자신의 유형을 알고 있지만 보험 회사는 이를 알지 못한다고 가정할 수 있다. 정보가 없는 보험회사의 경우 개개인들에게 그들의 유형에 따라 선택할 수 있는 보험 정책을 제공하게 된다.

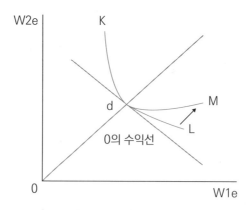

| 그림 1-9 | 로스차일드−스티글리츠 내쉬균형의 응용 사례

| 표 1-1 | 아커로프(Akerlof, 1970), 스펜스(Spence, 1974)와 로스차일드-스티글리츠 내쉬균
형(Rothschild-Stiglitz Nash Equilibrium, 1976)의 차이점 비교

	아커로프	스펜스	로스차일드-스티글리츠
발표 시점	1970	1974	1976
비 교	비대칭한 정보의 심각한 결과로 인하여 시장 붕괴의 가능성을 주장한다.	비대칭한 정보가 있다고 하더라도 실제로 시장 실패가 흔히 발생하지 않는다고 주장하고 있다. 즉, 아커로프가 주장한대로 시장이 실패하지 않을 수 있다는 것이다.	자체 선택 모형을 통하여 다른 접근으로 정보와 관련하여 언급하고 있다. 예를 들어, 일반적으로 보험시장은 잠재적으로 엄청난 반대적인 선택, 즉 역의 선택이라는 불리한 선택을 가지고 있으며, 이는 시장 붕괴로 이어질 수 있다. 그러나 실제로 우리는 여전히 보험 시장이 기능하고 있음을 알고 있다.

〈그림 1−10〉에는 2015년 11월부터 2017년 11월까지의 Lf 상품별 구성내역(말잔, 원계열, 십억원) 보험계약준비금(좌)과 Lf 상품별 구성내역(평잔, 계절조정계열, 십억원) 생명보험계약 준비금 등(우)의 동향이 나타나 있다. 그리고 〈그림 1−11〉에는 2015년 11월부터 2017년 10월까지의 보험계약실적 건수(신계약, 건 단위)(좌)와 보험계약실적 금액(신계약, 십억원 단위)(우)의 동향이 표시되어 있다.

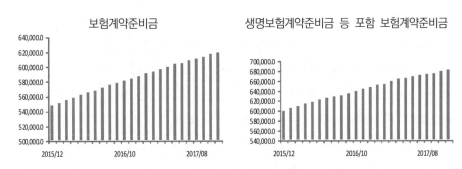

| 그림 1-10 | 2015년 11월부터 2017년 11월까지의 Lf 상품별 구성내역(말잔, 원계열, 십억원)
보험계약준비금(좌)과 Lf 상품별 구성내역(평잔, 계절조정계열, 십억원) 생명보험
계약준비금 등(우)의 동향

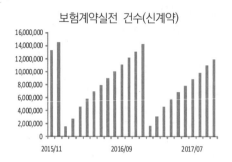
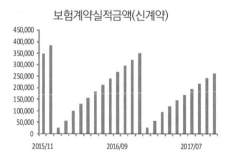

| 그림 1-11 | 2015년 11월부터 2017년 10월까지의 보험계약실적 건수(신계약, 건 단위)(좌)와 보험계약실적금액(신계약, 십억원 단위)(우)의 동향

　　각각의 자료 출처는 한국은행의 경제통계검색시스템[간편검색]에 의한 것이다. 이와 같은 자료들에서와 같이 다양한 상품들로 보험회사들은 정보(information)에 있어서 반대적인 역의 선택에 따른 위험요인이 상존하는 것과 상관없이 여전히 은행, 증권, 보험의 금융 분야의 3대축을 형성하고 있다. 보험업의 운영에 있어서는 이와 같은 정보와 관련된 이슈보다는 대내외 금리(interest rate) 인상과 같은 거시경제변수(macro variables)의 영향 등에 민감한 반응을 보이고 있다.

제2절　게임이론의 정의와 전략

　　완벽하게 형성된 정보를 통하여 각 선수는 자기 자신이 게임에서 어디에 위치하고 있는지 알고 있다. 즉, 각 단계마다 정보 집합에는 한 개의 요소만 갖추고 있다. 완전하게 형성된 정보를 통하여 두 번째 선수는 첫 번째 선수가 자신보다 먼저 게임하는 것을 알고 있지만 첫 번째 선수의 행동을 알지는 못한다. 불완전하게 형성된 정보로써 두 번째 선수는 어떤 첫 번째 선수 K 또는 L이 있다고 할 때 이들이 움직이는지 알지 못하고, 그 전에 행하여진 행동을 전혀 알지 못한다고 가정한다. 그리고 가정에서 이것은 어떠한 유형인지와 어떠한 움직임이 있는지를 알 수 없다고 알려져 있다.

| 표 1-2 | 정보체계에 따른 분류

	내 용
완벽하게 형성된 정보	각 선수는 자기 자신이 게임에서 어디에 위치하고 있는지 알고 있다. 즉, 각 단계마다 정보 집합에는 한 개의 요소만 갖추고 있다.
완전하게 형성된 정보	두 번째 선수는 첫 번째 선수가 자신보다 먼저 게임하는 것을 알고 있지만 첫 번째 선수의 행동을 알지는 못한다.
불완전하게 형성된 정보	두 번째 선수는 어떤 첫 번째 선수 K 또는 L이 있다고 할 때 이들이 움직이는지 알지 못하고, 그 전에 행하여진 행동을 전혀 알지 못한다고 가정한다. 그리고 가정에서 이것은 어떠한 유형인지와 어떠한 움직임이 있는지를 알 수 없다고 알려져 있다.

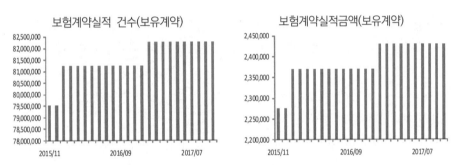

| 그림 1-12 | 2015년 11월부터 2017년 10월까지의 보험계약실적 건수(보유계약, 건 단위)(좌)
와 보험계약실적금액(보유계약, 십억원 단위)(우)의 동향

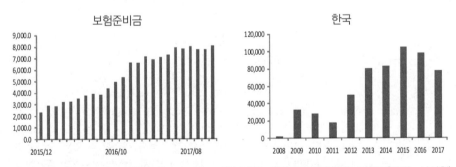

| 그림 1-13 | 2015년 12월부터 2017년 11월까지의 기타예금취급기관 개관표(말잔, 십억원)
에서 보험준비금(좌)과 2008년부터 2017년까지의 경상수지(백만 달러)에서 한
국(우)의 동향

〈그림 1-12〉에서는 2015년 11월부터 2017년 10월까지의 보험계약실적 건수(보유계약, 건 단위, 좌)와 보험계약실적금액(보유계약, 십억원 단위, 우)의 동향이 나타나 있다. 그리고 〈그림 1-13〉에 있어서는 2015년 12월부터 2017년 11월까지의 기타예금취급기관 개관표(말잔, 십억원)에서 보험준비금(좌)과 2008년부터 2017년까지의 경상수지(백만 달러)에서 한국(우)의 동향이 표시되어 있다.

각각의 자료 출처는 한국은행의 경제통계검색시스템[간편검색]에 의한 것이다. 이와 같은 〈그림 1-10〉과 〈그림 1-11〉과 같이 다양한 상품들로 보험회사들은 정보(information)에 있어서 반대적인 역의 선택에 따른 위험요인이 상존하는 것과 상관없이 여전히 은행, 증권, 보험의 금융 분야의 3대축을 형성하며 발전하고 있는 것을 알 수 있다.

〈그림 1-13〉에 있어서 한국의 경상수지 규모의 경우와 같이 미국과 한국의 FTA 재협상의 예에서와 관련하여 관세를 비롯하여 협상 테이블에 다양한 자료와 이를 토대로 한 정보들이 국가들 간에 형성된다. 즉, 무역흑자 또는 무역적자와 관련하여서도 이와 같이 자료와 이를 토대로 한 각각의 국가의 이해를 대변하는 게임의 법칙이 작용하게 된다.

게임이론의 정의와 전략은 광대한 모양과 전략적인 모양에 의해 구현될 수 있다. 게임의 광범위한 형태는 다음을 필요로 한다. 첫째, 움직임의 함수로서 선수에게 보수가 지급되어야 한다. 둘째, 게임이 시작될 때의 초기 조건이 주어져야 한다. 셋째, 물리적인 놀이의 순서를 정한다. 넷째, 이동할 선수가 있을 경우 각 선수가 선택할

| 표 1-3 | 광대한 모양과 전략적인 모양에 의한 구현

	내용
게임의 광범위한 형태	첫째, 움직임의 함수로서 선수에게 보수가 지급되어야 한다. 둘째, 게임이 시작될 때의 초기 조건이 주어져야 한다. 셋째, 물리적인 놀이의 순서를 정한다. 넷째, 이동할 선수가 있을 경우 각 선수가 선택할 수 있는 선택이 무엇인지 가정한다. 다섯째, 누가 언제 움직이는지 결정하는 규칙이 존재한다. 여섯째, 이동해야 할 때 선수가 가지고 있는 정보가 있다.
게임의 일반적 형태 혹은 전략적인 형태	모든 게임 정보를 보수 행렬에 적용할 수 있다.

수 있는 선택이 무엇인지 가정한다. 다섯째, 누가 언제 움직이는지 결정하는 규칙이 존재한다. 여섯째, 이동해야 할 때 선수가 가지고 있는 정보가 있다. 게임의 일반적 형태 혹은 전략적인 형태는 모든 게임 정보를 보수 행렬에 적용할 수 있다.

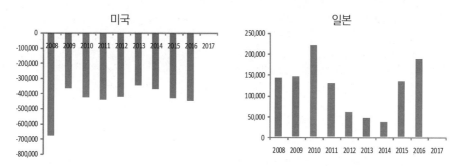

| 그림 1-14 | 2008년부터 2016년까지의 경상수지(백만 달러)에서 미국(좌)과 일본(우)의 동향

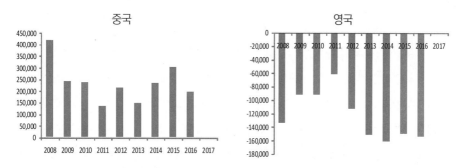

| 그림 1-15 | 2008년부터 2016년까지의 경상수지(백만 달러)에서 중국(좌)과 영국(우)의 동향

〈그림 1-14〉에서 2008년부터 2016년까지의 경상수지(백만 달러)에서 미국(좌)과 일본(우)의 동향이 나타나 있다. 〈그림 1-15〉에서는 2008년부터 2016년까지의 경상수지(백만 달러)에서 중국(좌)과 영국(우)의 동향이 표시되어 있다. 각각의 자료 출처는 한국은행의 경제통계검색시스템[간편검색]에 의한 것이다.

〈그림 1-14〉와 〈그림 1-15〉에 있어서 각각 미국과 일본, 중국, 영국의 경상수지 규모의 경우와 같이 각각의 국가들은 경상수지 적자와 경상수지 흑자 규모에 적합한 국가전략의 의사결정(decision making)과 게임, 협상 등을 하고 있다. 이는 상대국(counterpart)의 입장에서는 관세 및 비관세(non-tariff) 무역정책 등 다양한 방법

으로 상대국의 무역 전략을 예측하고 대비해 나가게 된다.

광범위한 형태의 모든 게임은 전략적인 형태로 줄일 수 있다. 광범위한 수많은 형태가 동일한 전략적 형태로 축소되지만 주어진 광범위한 형태는 하나의 전략적인 형태로 줄일 수 있다는 것이다. 하지만 방대한 형태를 전략적인 형태로 줄이게 되면 일부 정보가 유실되게 된다.

| 표 1-4 | 광범위한 형태와 전략적인 형태

	내 용
특 징	광범위한 형태의 모든 게임은 전략적인 형태로 줄일 수 있다.
장 점	수많은 광범위한 형태가 동일한 전략적 형태로 축소되지만 주어진 광범위한 형태는 하나의 전략적인 형태로 줄일 수 있다는 것이다.
단 점	방대한 형태를 전략적인 형태로 줄이게 되면 일부 정보가 유실되게 된다.

〈그림 1-16〉에는 2008년부터 2016년까지의 경상수지(백만 달러)에서 유로지역(좌)과 독일(우)의 동향이 나타나 있다. 그리고 〈그림 1-17〉에는 2008년부터 2017년까지의 경상수지(백만 달러)에서 대만(좌)과 2016년 3월부터 2018년 2월까지의 원/미국달러(매매기준율, 원)(우)의 동향이 정리되어 있다. 각각의 자료 출처는 한국은행의 경제통계검색시스템[간편검색]에 의한 것이다.

〈그림 1-16〉와 〈그림 1-17〉에 있어서 각각 유로지역과 독일, 대만 등에 있어서 경상수지 규모의 사례에서 나타난 바와 같이 각국들의 상대국에 대한 FTA(free trade agreement) 전략을 통한 각국의 무역 전략의 의사결정과정에서도 상대국가에 대한 게임의 법칙(law of game)이 적용되게 마련이다. 이는 경상수지 뿐만 아니라 각종 거시경제변수(macro economic variables)에서도 마찬가지로 적용된다. 이와 같은 결과로 인하여 〈그림 1-17〉과 같은 환율은 조작대상의 변수는 아니고 각국의 정부의 대내외 여건과 정책에 의하여 균형을 갖게 된다.

광범위한 형태에 대한 몇 가지 표기법을 통하여 전략들을 나누어 볼 수 있다. 여기에는 순수한 전략과 혼합적 전략, 무작위적 전략 등이 있다. 확률이 포함되지 않는 경우로써 다시 말하여 어떤 행동이 확률이 1로써 표현이 가능할 때 이것은 순수한 전략에 해당한다. 이와 반대의 경우가 혼합적 전략이다. 즉, 혼합적 전략은

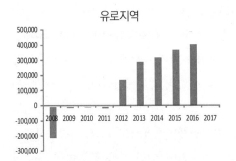
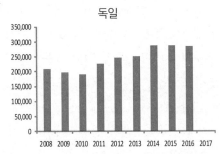

| 그림 1-16 | 2008년부터 2016년까지의 경상수지(백만 달러)에서 유로지역(좌)과 독일(우)의 동향

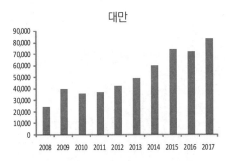

| 그림 1-17 | 2008년부터 2017년까지의 경상수지(백만 달러)에서 대만(좌)과 2016년 3월부터 2018년 2월까지의 원/미국달러(매매기준율, 원)(우)의 동향

확률이 개입되게 된다는 의미이다. 그리고 무작위적 전략과 무작위적 전략들 사이에는 조금 차이점이 존재하지만 이 두 전략은 상호 교차적으로 사용이 가능하다.

| 표 1-5 | 순수한 전략과 혼합적 전략, 무작위적 전략

	내 용
순수한 전략	확률이 포함되지 않는 경우로써 다시 말하여 어떤 행동이 확률이 1로써 표현이 가능할 때 이것은 순수한 전략에 해당한다.
혼합적 전략	순수한 전략과 반대의 경우가 혼합적 전략이다. 즉, 혼합적 전략은 확률이 개입되게 된다는 의미이다.
무작위적 전략	무작위적 전략과 무작위적 전략들 사이에는 조금 차이점이 존재하지만 이 두 전략은 상호 교차적으로 사용이 가능하다.

〈그림 1-18〉에는 2016년 3월부터 2018년 2월까지의 원/위안(매매기준율, 원)(좌)과 원/일본엔(100엔, 원)(우)의 동향이 나와 있다. 그리고 〈그림 1-19〉에서는 2016년 3월부터 2018년 2월까지의 원/유로(단위: 원)(좌)와 원/영국파운드(단위: 원)(우)의 동향이 표시되어 있다. 각각의 자료 출처는 한국은행의 경제통계검색시스템[간편검색]에 의한 것이다.

각국의 무역정책과 관련되어 있는 각종 거시경제변수에서도 각국의 경제정책은 그 나라의 기초경제(fundamentals)와 대외적인 경제적인 여건 등을 종합하여 순수한 전략과 혼합적 전략, 무작위적 전략 등이 응용되어 의사결정이 이루어지게 된다. 〈그림 1-18〉과 〈그림 1-19〉의 환율은 조작대상의 변수는 아니고 이와 같은 각국의 정부의 대내외 여건과 정책에 의하여 균형을 갖게 되는 변수이다.

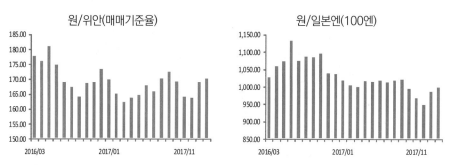

| 그림 1-18 | 2016년 3월부터 2018년 2월까지의 원/위안(매매기준율, 원)(좌)과 원/일본엔(100엔, 원)(우)의 동향

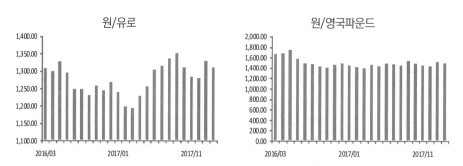

| 그림 1-19 | 2016년 3월부터 2018년 2월까지의 원/유로(단위: 원)(좌)와 원/영국파운드(단위: 원)(우)의 동향

적합한 하위게임에서는 두 가지가 필요하다. 첫째, 적합한 하위 양식이 필요하다는 것이다. 둘째, 하위게임은 원래 게임 구조의 모든 측면과 연결되어 있다는 것이다.

| 표 1-6 | 적합한 하위게임에서 필요한 두 가지 경우

	내 용
적합한 하위게임에서 필요한 두 가지 경우	• 적합한 하위 양식이 필요하다는 것이다. • 하위게임은 원래 게임 구조의 모든 측면과 연결되어 있다는 것이다.

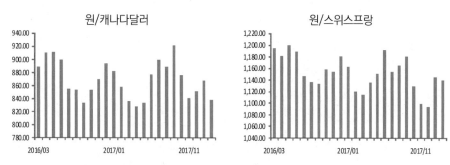

| 그림 1-20 | 2016년 3월부터 2018년 2월까지의 원/캐나다달러(단위: 원)(좌)와 원/스위스프랑(단위: 원)(우)의 동향

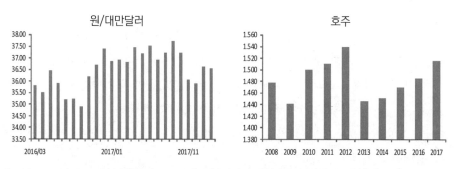

| 그림 1-21 | 2016년 3월부터 2018년 2월까지의 원/대만달러(단위: 원)(좌)와 2008년부터 2017년까지 호주 PPP환율(단위: national currency per US$)(우)의 동향

〈그림 1-20〉에는 2016년 3월부터 2018년 2월까지의 원/캐나다달러(단위: 원)(좌)와 원/스위스프랑(단위: 원)(우)의 동향이 나와 있다. 〈그림 1-21〉에는 2016년 3월부터 2018년 2월까지의 원/대만달러(단위: 원)(좌)와 2008년부터 2017년까지 호주

PPP환율(단위: national currency per US$)(우)의 동향이 나타나 있다. 각각의 자료 출처는 한국은행의 경제통계검색시스템[간편검색]에 의한 것이다.

〈그림 1-20〉과 〈그림 1-21〉의 환율은 조작대상의 변수가 아니고 각국 정부의 대내외(internal and external) 여건과 이에 따른 정책에 의하여 균형을 갖게 되는 변수이다. 호주 PPP환율과 같이 구매력을 통하여 비교할 경우 기업들의 투자 의사결정과 각국에 대한 투자 의사결정 시에 많은 참조가 될 수 있다. 상대국의 거시경제(macro economics) 정책과 향후 정책 변화에 대응하여 기업 단위의 전략을 세울 수 있기 때문이다.

시그널링의 게임에서는 두 선수가 존재하게 된다. 첫 번째 선수는 먼저 정보 에이전트로 이동하게 되고, 정보가 없는 에이전트인 두 번째 선수는 두 번째로 이동하게 된다. 그리고 혼합전략 등을 구사하며 진행되게 된다.

| 표 1-7 | 시그널링의 게임

	내 용
시그널링의 게임에서 두 선수의 존재	• 첫 번째 선수는 먼저 정보 에이전트로 이동하게 된다. • 정보가 없는 에이전트인 두 번째 선수는 두 번째로 이동하게 된다. • 그리고 혼합전략 등을 구사하며 진행되게 된다.

〈그림 1-22〉에서는 2008년부터 2017년까지 오스트리아 PPP환율(단위: national currency per US$)(좌)과 벨기에 PPP환율(단위: national currency per US$)(우)의 동향이 나와 있다. 그리고 〈그림 1-23〉에는 2008년부터 2017년까지 캐나다 PPP환율(단위: national currency per US$)(좌)과 체코 PPP환율(단위: national currency per US$)(우)의 동향이 표시되어 있다. 각각의 자료 출처는 한국은행의 경제통계검색시스템[간편검색]에 의한 것이다.

〈그림 1-22〉와 〈그림 1-23〉의 환율은 조작대상의 변수가 아니고 각국 정부의 대내외 여건과 이에 따른 정책에 의하여 균형을 갖게 되는 변수를 의미한다. 이와 같은 지표는 기업들의 투자 시 의사결정에 참고가 되고 각국과 자국 정부의 금리 정책(interest policy)에 대한 대응 전략 마련에 좋은 지표가 된다.

내쉬균형의 정의에 대하여 살펴보자. 내쉬균형은 균형의 결과를 유지하는 모든

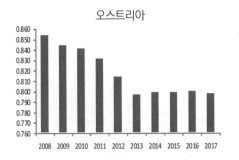

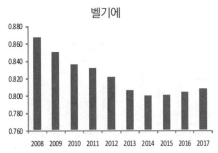

| 그림 1-22 | 2008년부터 2017년까지 오스트리아 PPP환율(단위: national currency per US$)(좌)과 벨기에 PPP환율(단위: national currency per US$)(우)의 동향

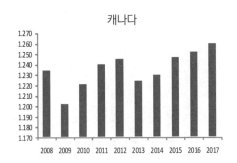

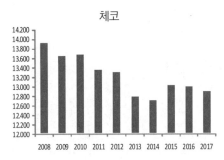

| 그림 1-23 | 2008년부터 2017년까지 캐나다 PPP환율(단위: national currency per US$)(좌)과 체코 PPP환율(단위: national currency per US$)(우)의 동향

선수들의 전략을 유지하는 것에 바탕을 두고 있다. 각 선수들의 시그널링 게임에서 첫 번째 선수의 전략이 K라고 할 때 두 번째 선수의 전략이 M이 유지된다는 것을 가정하고 첫 번째 선수의 전략이 세워지게 된다. 서로 상대방의 보수와 같은 성과를 확인한 후 전략을 세워나가는 것이다.

| 표 1-8 | 내쉬균형의 정의

	내 용
내쉬균형의 정의	• 내쉬균형은 균형의 결과를 유지하는 모든 선수들의 전략을 유지하는 것에 바탕을 두고 있다. • 각 선수들의 시그널링 게임에서 첫 번째 선수의 전략이 K라고 할 때 두 번째 선수의 전략이 M이 유지된다는 것을 가정하고 첫 번째 선수의 전략이 세워지게 된다. • 서로 상대방의 보수와 같은 성과를 확인한 후 전략을 세워나가는 것이다.

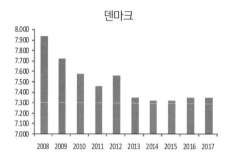
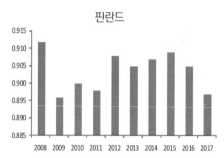

| 그림 1-24 | 2008년부터 2017년까지 덴마크 PPP환율(단위: national currency per US$)(좌)과 핀란드 PPP환율(단위: national currency per US$)(우)의 동향

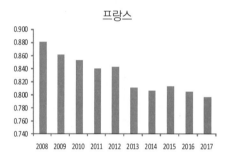
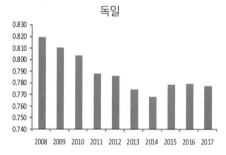

| 그림 1-25 | 2008년부터 2017년까지 프랑스 PPP환율(단위: national currency per US$)(좌)과 독일 PPP환율(단위: national currency per US$)(우)의 동향

〈그림 1-24〉에는 2008년부터 2017년까지 덴마크 PPP환율(단위: national currency per US$)(좌)과 핀란드 PPP환율(단위: national currency per US$)(우)의 동향이 나타나 있다. 〈그림 1-25〉에는 2008년부터 2017년까지 프랑스 PPP환율(단위: national currency per US$)(좌)과 독일 PPP환율(단위: national currency per US$)(우)의 동향이 나와 있다. 각각의 자료 출처는 한국은행의 경제통계검색시스템[간편검색]에 의한 것이다.

〈그림 1-24〉와 〈그림 1-25〉의 환율은 조작대상의 변수가 아니고 각국 정부의 대내외적인 여건과 이에 따른 정책에 의하여 균형을 갖게 되는 변수이다. 이와 같은 지표는 각국의 물가수준과 구매력(purchasing power) 등에 대한 중요한 참고지표가 되어 정부와 기업들의 정책 및 투자 시 중요한 거시 및 미시경제정책(macro and micro economic policy)에 전략적으로 반영된다.

각각의 선수들의 집합과 가능한 행동 집합이 모두 유한한 전략적인 형식 게임의 경우에 있어서 무작위 전략에 적어도 하나의 내쉬균형이 존재하게 된다. 더욱이, 적어도 하나의 선수가 지배하는 우월한 전략을 가질 때마다 적어도 하나의 순수 전략으로 내쉬균형이 존재하게 된다. 모든 선수들이 지배적인 우월한 전략을 가지고 있다면 고유의 순수 전략으로 내쉬균형이 존재하게 된다. 예를 들어, 전략적인 형태로 비순수, 즉 혼합전략의 내쉬균형을 생각해 보자. 이 경우 행은 첫 번째 선수를 의미하고, 열은 두 번째 선수를 의미한다고 가정해 보자. 또한, 혼합전략으로 내쉬균형이 $\pi_1(M) = \frac{6}{8}$, $\pi_1(N) = \frac{2}{8}$, $\pi_1(K) = \frac{2}{4}$, $\pi_1(L) = \frac{2}{4}$ 라고 가정할 경우를 예를 들어 보자. 순수전략으로 (M,K)의 경우 내쉬균형이 될 수 없지만, 혼합전략의 경우와 같이 확률을 상정하면 균형을 찾아가는 경우를 찾을 수도 있다.

| 표 1-9 | 내쉬균형이 없는 경우

	K	L
M	1 / 1	1 / 0
N	2 / 1	0 / 4

| 표 1-10 | 내쉬균형의 존재

	내 용
내쉬균형의 존재	• 각각의 선수들의 집합과 가능한 행동 집합이 모두 유한한 전략적인 형식 게임의 경우에 있어서 무작위 전략에 적어도 하나의 내쉬균형이 존재하게 된다. • 더욱이, 적어도 하나의 선수가 지배하는 우월한 전략을 가질 때마다 하나의 순수 전략으로 내쉬균형이 존재하게 된다. • 모든 선수들이 지배적인 우월한 전략을 가지고 있다면 고유의 순수 전략으로 내쉬균형이 존재하게 된다.

〈그림 1-26〉에는 2008년부터 2017년까지 그리스 PPP환율(단위: national currency per US$)(좌)과 헝가리 PPP환율(단위: national currency per US$)(우)의 동향이 나와 있다. 〈그림 1-27〉에는 2008년부터 2017년까지 아이슬랜드 PPP환율(단위: national currency per US$)(좌)과 아일랜드 PPP환율(단위: national currency per US$)(우)의 동향이 나타나 있다. 각각의 자료 출처는 한국은행의 경제통계검색시스템[간편검색]에 의한 것이다.

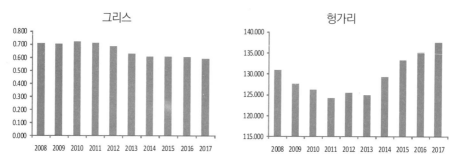

| 그림 1-26 | 2008년부터 2017년까지 그리스 PPP환율(단위: national currency per US$)
(좌)과 헝가리 PPP환율(단위: national currency per US$)(우)의 동향

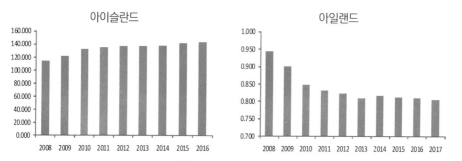

| 그림 1-27 | 2008년부터 2017년까지 아이슬란드 PPP환율(단위: national currency per
US$)(좌)과 아일랜드 PPP환율(단위: national currency per US$)(우)의 동향

〈그림 1-26〉과 〈그림 1-27〉의 환율은 조작대상의 변수가 아니고 각국 정부의 대내외적인 여건과 이에 적합한 정책에 의하여 균형을 갖게 되는 결과로 인하여 결정된다. 이와 같은 환율을 통하여 살펴볼 때 그리스를 비롯한 금융위기(financial crisis)의 반영과 이의 극복과정과 같은 현 상황을 파악하여 각국 정부의 투자와 기업들의 투자 시 전략적인 의사결정에 반영할 수 있다.

| 표 1-11 | 내쉬균형의 가장 일반적인 두 가지 문제점

	내 용
내쉬균형의 가장 일반적인 두 가지 문제점	• 비유일성의 문제점 • 비효율성의 문제점

　내쉬균형의 가장 일반적인 두 가지 문제점은 다음의 두 가지 측면과 같다. 첫 번째로는 비유일성의 문제점이고 두번째로는 비효율성의 문제점이다. 다음 예제에서 이러한 문제점들을 살펴볼 수 있다.

　〈표 1-12〉의 게임에서는 고유한 내쉬균형인 (6, 6)을 가지지만, 파레토 효율적이지는 못하다. 즉, (10, 10)이 (6, 6)보다 우월하기 때문이다. 즉, 비효율성의 문제점을 가지게 된다. 〈표 1-13〉의 게임에서 우리는 고유한 내쉬균형 대신에 두 개의 내쉬균형인 (4, 3)과 (3, 4)를 취하게 된다. 즉, 비유일성의 문제점을 가지게 된다.

　〈그림 1-28〉에는 2008년부터 2017년까지 이탈리아 PPP환율(단위: national currency per US$)(좌)과 일본의 PPP환율(단위: national currency per US$)(우)의 동향이 나와 있다. 〈그림 1-29〉에는 2008년부터 2017년까지 한국의 PPP환율(단위: national currency per US$)(좌)과 룩셈부르크의 PPP환율(단위: national currency per US$)(우)의 동향이 나타나 있다. 각각의 자료 출처는 한국은행의 경제통계검색시스템[간편검색]에 의한 것이다.

　〈그림 1-28〉과 〈그림 1-29〉의 환율은 조작대상 변수는 아니며 각국 정부의 대내

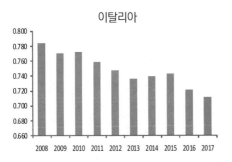
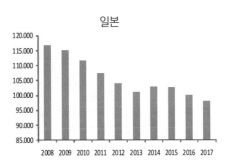

| 그림 1-28 | 2008년부터 2017년까지 이탈리아 PPP환율(단위: national currency per US$)(좌)과 일본 PPP환율(단위: national currency per US$)(우)의 동향

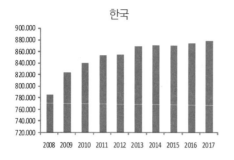
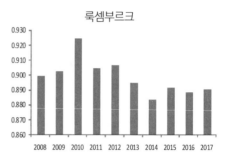

| 그림 1-29 | 2008년부터 2017년까지 한국 PPP환율(단위: national currency per US$)(좌)과 룩셈부르크 PPP환율(단위: national currency per US$)(우)의 동향

외적인 여건과 이에 적절한 정책의 집행에 의하여 결과로 인한 균형가격을 의미한다. 이와 같은 환율을 통하여 한국과 일본의 동아시아(east asia) 지역의 거시경제 여건과 서방유럽국가(western europe)들의 위치에 따라 향후 전략적으로 어느 지역의 투자수익률(invest yields)이 더 우수한지를 판단하는 정책 의사결정의 변수로서 활용할 수 있다.

| 표 1-12 | 비효율성의 문제점

	K	L
M	10 10	5 11
N	11 5	6 6

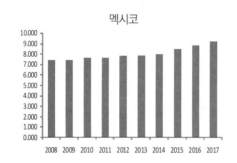
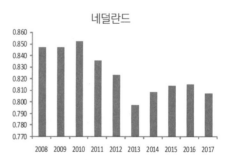

| 그림 1-30 | 2008년부터 2017년까지 멕시코의 PPP환율(단위: national currency per US$)(좌)과 네덜란드의 PPP환율(단위: national currency per US$)(우)의 동향

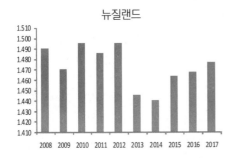
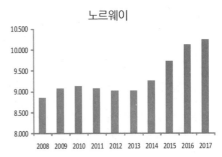

| 그림 1-31 | 2008년부터 2017년까지 뉴질랜드의 PPP환율(단위: national currency per US$)(좌)과 노르웨이의 PPP환율(단위: national currency per US$)(우)의 동향

〈그림 1-30〉에는 2008년부터 2017년까지 멕시코의 PPP환율(단위: national currency per US$)(좌)과 네덜란드의 PPP환율(단위: national currency per US$)(우)의 동향이 나와 있다. 〈그림 1-31〉에는 2008년부터 2017년까지 뉴질랜드의 PPP환율(단위: national currency per US$)(좌)과 노르웨이의 PPP환율(단위: national currency per US$)(우)의 동향이 나타나 있다. 각각의 자료 출처는 한국은행의 경제통계검색시스템[간편검색]에 의한 것이다.

〈그림 1-30〉과 〈그림 1-31〉의 환율은 조작대상 변수에 해당하는 것은 아니며 각국 정부가 처해있는 대내외적인 여건과 이에 적절한 정책의 집행 과정에 의하여 결정되는 균형을 의미한다. 이와 같은 환율을 통하여 멕시코와 같은 한국과 유사한 규모의 국가와 다른 서방 선진국들인 OECD국가들(OECD countries)과의 투자결정 시에 참고자료로서 전략적인 활용이 가능한 것이다.

| 표 1-13 | 비유일성의 문제점

		K	L
M		4	2
		3	2
N		2	3
		2	4

내쉬균형을 위한 로드맵을 제시하면 다음과 같다. 다음의 그림에 표시된 대로 내쉬균형을 세 가지 경로로 설명할 수 있다. 두 번째 경로의 다음 차례인, 즉 '순차적인 합리성'에 집중하기 전에 아래와 같이 첫 번째 경로에 대하여 단순하게 설명할 수 있다.

| 표 1-14 | 내쉬균형을 위한 로드맵 제시

	내 용
내쉬균형을 위한 로드맵 제시	• 내쉬균형을 세 가지 경로로 설명할 수 있다. • 두 번째 경로의 다음 차례인, 즉 '순차적인 합리성'에 집중하기 전에 첫 번째 경로에 대하여 단순하게 설명할 수 있다.

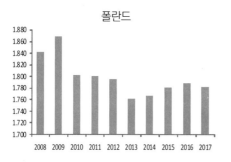
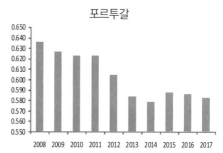

| 그림 1-32 | 2008년부터 2017년까지 폴란드의 PPP환율(단위: national currency per US$)(좌)과 포르투갈의 PPP환율(단위: national currency per US$)(우)의 동향

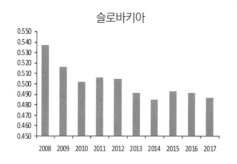
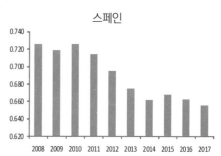

| 그림 1-33 | 2008년부터 2017년까지 슬로바키아의 PPP환율(단위: national currency per US$)(좌)과 스페인의 PPP환율(단위: national currency per US$)(우)의 동향

〈그림 1-32〉에는 2008년부터 2017년까지 폴란드의 PPP환율(단위: national currency per US$)(좌)과 포르투갈의 PPP환율(단위: national currency per US$)(우)의 동향이 나와 있다. 〈그림 1-33〉에는 2008년부터 2017년까지 슬로바키아의 PPP환율(단위: national currency per US$)(좌)과 스페인의 PPP환율(단위: national currency per US$)(우)의 동향이 각각 나타나 있다. 각각의 자료 출처는 한국은행의 경제통계검색시스템[간편검색]에 의한 것이다.

〈그림 1-32〉와 〈그림 1-33〉의 환율은 조작대상의 변수에 해당하는 것이 아니고 각국들의 해당 정부가 처해있는 대내외적인 여건과 이에 적절한 정책의 집행과정에 의한 산물로써 결정되는 것이다. 이와 같은 환율을 통하여 스페인과 포르투갈과 같이 금융위기를 겪은 국가들에 대한 기업들의 투자 결정 시 전략적으로 중요한 참고 지표가 될 수 있다.

| 그림 1-34 | 정제된 내쉬 균형을 위한 로드맵에 따른 경로(Ⅰ)

〈그림 1-34〉의 정제된 내쉬 균형을 위한 로드맵에 따른 경로(Ⅰ)와 같이 내쉬균형에 따른 우월한 전략의 제거를 통하여 전략 형태를 선정하여 나갈 수 있다.

〈그림 1-35〉에는 2008년부터 2017년까지 스웨덴의 PPP환율(단위: national currency per US$)(좌)과 스위스의 PPP환율(단위: national currency per US$)(우)의 동향이 나와 있다. 〈그림 1-36〉에는 2008년부터 2017년까지 터키의 PPP환율(단위: national currency per US$)(좌)과 영국의 PPP환율(단위: national currency per US$)(우)의 동향이 나타나 있다. 각각의 자료 출처는 한국은행의 경제통계검색시스템[간편검색]에 의한 것이다.

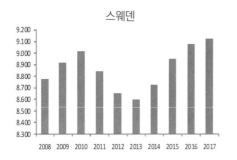
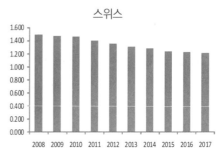

| 그림 1-35 | 2008년부터 2017년까지 스웨덴의 PPP환율(단위: national currency per US$)(좌)과 스위스의 PPP환율(단위: national currency per US$)(우)의 동향

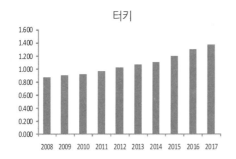
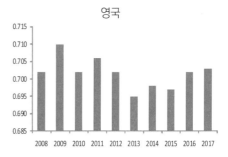

| 그림 1-36 | 2008년부터 2017년까지 터키의 PPP환율(단위: national currency per US$)(좌)과 영국의 PPP환율(단위: national currency per US$)(우)의 동향

〈그림 1-35〉와 〈그림 1-36〉의 환율은 조작대상 변수에 해당하는 것이 아니고 각국들의 해당 정부가 경제적으로 처해있는 대내외적인 여건과 이에 적절한 정책의 집행과정에 의한 결과물로써 결정되고 있다. 이와 같은 환율을 통하여 서아시아(west asia)인 터키와 다른 서방 유럽국가들에 대한 투자매력도와 이에 따른 투자 전략 등에 대하여 참고 지표로 활용될 수 있다.

〈그림 1-37〉에서 정제된 내쉬 균형을 위한 로드맵에 따른 경로(Ⅱ)와 같이 내쉬균형에 의하여 순차적인 합리성을 가지며, 광대한 형태에 의하여 순차적인 균형과 정제성을 가질 수 있다. 이와 같이 순차적인 균형과 정제성에 따라 경로에 따른 의사결정과 연결되는 결과에 도달할 수 있는 것이다.

〈그림 1-38〉의 정제된 내쉬 균형을 위한 로드맵에 따른 경로(Ⅲ)에 따라 내쉬균

내쉬균형

↓

순차적인 합리성

↓

광대한 형태

↓

순차적인 균형과 정제성

| 그림 1-37 | 정제된 내쉬 균형을 위한 로드맵에 따른 경로(Ⅱ)

내쉬균형

↓

작은 혼란을 극복하는 안정성

↓

광대한 형태와 전략

↓

완전한 균형과 전략적인 안정성

| 그림 1-38 | 정제된 내쉬 균형을 위한 로드맵에 따른 경로(Ⅲ)

형이 작은 혼란을 극복하는 안정성을 갖도록 광대한 형태와 전략으로 완전한 균형과 전략적인 안정성의 결과를 가지는 과정이 나타나 있다.

〈그림 1-39〉에는 2008년부터 2017년까지 유로의 PPP환율(단위: national currency per US$)(좌)과 2016년 4월부터 2018년 3월까지의 2개년도의 전국실적 중 전산업 업황실적(우)의 동향이 나와 있다. 그리고 〈그림 1-40〉에는 2016년 4월부터 2018년 3월까지의 2개년도의 전국실적 중 전산업 매출실적(좌)과 전산업 채산성실적(우)의 동향이 제시되어 있다. 각각의 자료 출처는 한국은행의 경제통계검색시스템[간편검색]에 의한 것이다.

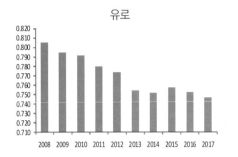 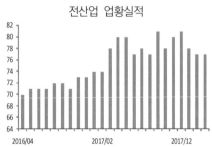

| 그림 1-39 | 2008년부터 2017년까지 유로의 PPP환율(단위: national currency per US$)(좌)과 2016년 4월부터 2018년 3월까지의 2개년도의 전국실적 중 전산업 업황실적(우)의 동향

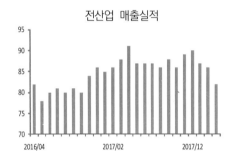 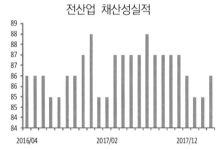

| 그림 1-40 | 2016년 4월부터 2018년 3월까지의 2개년도의 전국실적 중 전산업 매출실적(좌)과 전산업 채산성실적(우)의 동향

〈그림 1-39〉의 환율은 조작대상 변수에 해당하는 것이 아니며, 각국들의 해당 정부가 대내외적으로 처해있는 경제적인 여건과 이에 적절한 정책의 집행과정에 의한 산출물로써 결과된 것이다. 그리고 〈그림 1-40〉의 전국실적 중 전산업 업황실적과 매출실적, 채산성실적 등을 통하여 대내외적인 기업들의 투자결정의 전략 시점 등을 파악하는 자료로써 사용되고 있다. 2018년 현재 정부의 경제정책의 가시적인 효과 등과 관련하여 이러한 지표들로써 투자시점을 파악하는 중요한 자료로 활용하는 것이다.

전략 K는 전략 L에 의하여 약하게 지배되고 있음을 알 수 있다. 만일 약하게 우월적인 전략인 M, K인 (4, 12)를 제거하고 내쉬균형을 정제하는 첫 번째 경로를 채택한다면 하나의 내쉬균형인 N, L인 (5, 4)에 도달할 수 있다.

| 표 1-15 | 하나의 내쉬균형의 사례분석

	K		L	
M	4		4	
		12		12
N	3		5	
		3		4

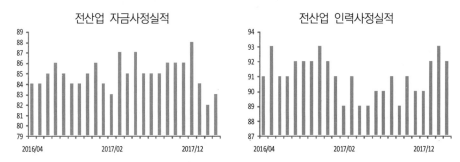

| 그림 1-41 | 2016년 4월부터 2018년 3월까지의 2개년도의 전국실적 중 전산업 자금사정 실적(좌)과 전산업 인력사정실적(우)의 동향

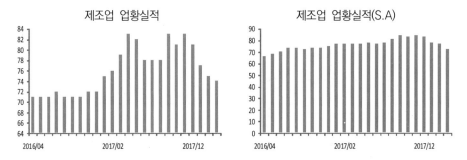

| 그림 1-42 | 2016년 4월부터 2018년 3월까지의 2개년도의 전국실적 중 제조업 업황실적(좌) 과 제조업 업황실적(S.A)(우)의 동향

〈그림 1-41〉에는 2016년 4월부터 2018년 3월까지의 2개년도의 전국실적 중 전산업 자금사정실적(좌)과 전산업 인력사정실적(우)의 동향이 나와 있다. 〈그림 1-42〉에는 2016년 4월부터 2018년 3월까지의 2개년도의 전국실적 중 제조업 업황실적(좌)과 제조업 업황실적(S.A)(우)의 동향이 나타나 있다. 각각의 자료 출처는 한국은행의

경제통계검색시스템[간편검색]에 의한 것이다.

〈그림 1−41〉과 〈그림 1−42〉의 전국실적 중 전산업 자금사정실적과 전산업 인력사정실적, 제조업 업황실적과 업황실적(S.A) 등을 통하여 현재 경기순환(business circulation)과 현재 정부의 경제정책과 향후 정책변화 등에 대하여 전략적인 판단을 하는데 중요한 기초자료로 활용할 수 있다.

| 표 1-16 | 열등한 파레토 효율성의 사례분석

	K	L
M	9 9	4 9
N	9 4	5 5

하지만 약하게 우월적인 전략의 제거가 언제나 파레토의 효율적인 균형으로 나타나는 것은 아니다. 예를 들어서 다음의 두 선수들의 전략적인 형태로 인하여 M, K인 (9, 9)를 제거한다면 내쉬균형은 N, L인 (5, 5)에 도달할 수 있다. 그렇지만 M, K보다 열등한 파레토 효율성을 지니게 된다.

〈그림 1−43〉에는 2016년 4월부터 2018년 3월까지의 2개년도의 전국실적 중 제조업 매출실적(좌)과 제조업 수출실적(우)의 동향이 나와 있다. 그리고 〈그림 1−44〉에는 2016년 4월부터 2018년 3월까지의 2개년도의 전국실적 중 제조업 내수판매

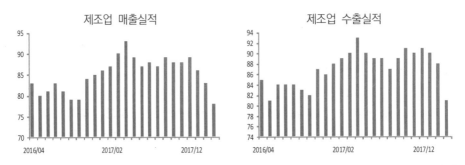

| 그림 1-43 | 2016년 4월부터 2018년 3월까지의 2개년도의 전국실적 중 제조업 매출실적(좌)과 제조업 수출실적(우)의 동향

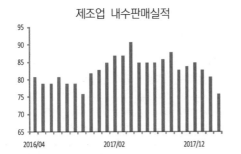
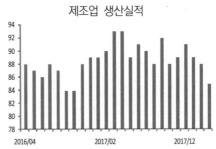

| 그림 1-44 | 2016년 4월부터 2018년 3월까지의 2개년도의 전국실적 중 제조업 내수판매
실적(좌)과 제조업 생산실적(우)의 동향

실적(좌)과 제조업 생산실적(우)의 동향이 나타나 있다. 각각의 자료 출처는 한국은
행의 경제통계검색시스템[간편검색]에 의한 것이다.

〈그림 1-43〉과 〈그림 1-44〉의 전국실적 중 제조업 매출실적과 수출실적, 내수
판매실적과 생산실적 등을 통하여 기업체들이 직면하고 있는 대내외 경제여건과
국내 내수실적 등과 관련하여 전략적으로 투자와 관련된 유용한 지표(indicators)로
서 활용할 수 있다는 것이다.

더욱이 우월한 전략을 제거한 순차적인 전략이 약한 우월 전략일 경우 최종 결과
에 영향을 미칠 수 있다. 하지만 엄격한 우월 전략이 제거될 때는 문제가 되지 않는
다. 예를 들어, 다음과 같은 전략 형태를 상정해 보자. 〈그림 1-45〉와 〈표 1-18〉
과 같이 만일 우월 전략을 제거할 경우 처음에 전혀 예측되지 않은 결과로서 엉뚱
한 다른 결과가 나타날 수도 있다는 것이다. 이와 같은 경우는 숫자를 대입하여 여
러 가지의 형태의 전략을 만들어 시도해 볼 수 있다. 실제로 다양한 숫자를 대입하
여 처음부터 예상된 결과가 나오는 경우와 그렇지 못한 경우가 도출되는 경우를
나누어서 살펴볼 수 있는 것이다.

| 그림 1-45 | 우월한 전략(약한 우월 전략과 엄격한 우월 전략)을 제거한 순차적인 전략

| 표 1-17 | 우월한 전략을 제거한 순차적인 전략

	내 용
우월한 전략을 제거한 순차적인 전략이 약한 우월 전략일 경우	• 최종 결과에 영향을 미칠 수 있다. • 엄격한 우월 전략이 제거될 때는 문제가 되지 않는다.

| 표 1-18 | 우월 전략을 제거할 경우 엉뚱한 다른 결과를 도출할 수 있는 사례분석

	A	B	C
D	4 4	1 4	1 1
E	4 1	3 3	1 3
G	1 1	3 1	2 2

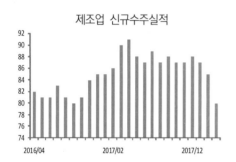
제조업 신규수주실적

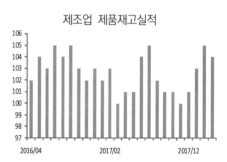
제조업 제품재고실적

| 그림 1-46 | 2016년 4월부터 2018년 3월까지의 2개년도의 전국실적 중 제조업 신규수주실적(좌)과 제조업 제품재고실적(우)의 동향

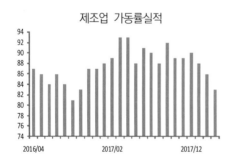
제조업 가동률실적

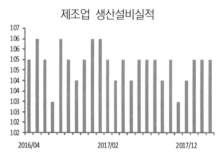
제조업 생산설비실적

| 그림 1-47 | 2016년 4월부터 2018년 3월까지의 2개년도의 전국실적 중 제조업 가동률실적(좌)과 제조업 생산설비실적(우)의 동향

〈그림 1-46〉 2016년 4월부터 2018년 3월까지의 2개년도의 전국실적 중 제조업 신규수주실적(좌)과 제조업 제품재고실적(우)의 동향이 나와 있다. 그리고 〈그림 1-47〉에는 2016년 4월부터 2018년 3월까지의 2개년도의 전국실적 중 제조업 가동률실적(좌)과 제조업 생산설비실적(우)의 동향이 나타나 있다. 각각의 자료 출처는 한국은행의 경제통계검색시스템[간편검색]에 의한 것이다. 〈그림 1-46〉과 〈그림 1-47〉의 전국실적 중 제조업 신규수주실적과 제품재고실적, 가동률실적과 생산설비실적 등을 통하여 기업체들이 당면하고 있는 경제적인 대내외적 측면과 정부정책 등과 관련하여 전략적인 투자 판단에 유용한 지표로 활용할 수 있다.

제4절 완벽한 하위게임과 정보경제학의 의미

하위게임은 다음 두 조건이 충족될 경우 적합한 하위게임이 될 자격을 갖추게 된다. 첫째, 선수들의 차례가 시작되는 초기 마디가 하나로써 구성된다. 둘째, 하위게임은 원래 게임의 모든 구조를 이어 받는다.

내쉬균형을 갖는 모든 전략은 완벽한 하위게임으로 연결된다. 단, 모든 적합한 하위게임일 경우에 해당되며, 광범위의 게임으로 이를 구현해 낼 수 있다.

| 표 1-19 | 하위게임

	내 용
하위게임	다음 두 조건이 충족될 경우 적합한 하위게임이 될 자격을 갖추게 된다. • 첫째, 선수들의 차례가 시작되는 초기 마디가 하나로써 구성된다. • 둘째, 하위게임은 원래 게임의 모든 구조를 이어 받는다.

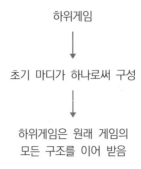

하위게임

↓

초기 마디가 하나로써 구성

↓

하위게임은 원래 게임의
모든 구조를 이어 받음

| 그림 1-48 | 하위게임의 흐름

| 표 1-20 | 완벽한 하위게임

	내 용
완벽한 하위게임	• 내쉬균형을 갖는 모든 전략은 완벽한 하위게임으로 연결된다. • 단, 모든 적합한 하위게임일 경우에 해당되며, 광범위의 게임으로 이를 구현해 낼 수 있다.

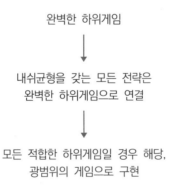

완벽한 하위게임

↓

내쉬균형을 갖는 모든 전략은
완벽한 하위게임으로 연결

↓

모든 적합한 하위게임일 경우 해당,
광범위의 게임으로 구현

| 그림 1-49 | 완벽한 하위게임의 흐름

각각의 자료 출처는 한국은행의 경제통계검색시스템[간편검색]에 의한 것이다. 여기서 〈그림 1-50〉에는 2016년 4월부터 2018년 3월까지의 2개년도의 전국실적 중 제조업 설비투자실적(좌)과 제조업 채산성실적(우)의 동향이 나와 있다. 그리고 〈그림 1-51〉에는 2016년 4월부터 2018년 3월까지의 2개년도의 전국실적 중 제조업 원자재구입가격실적(좌)과 제조업 제품판매가격실적(우)의 동향이 나타나 있다.

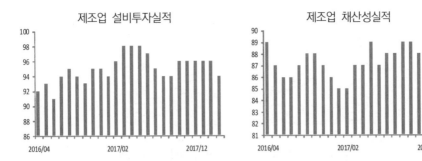

| 그림 1-50 | 2016년 4월부터 2018년 3월까지의 2개년도의 전국실적 중 제조업 설비투자실적(좌)과 제조업 채산성실적(우)의 동향

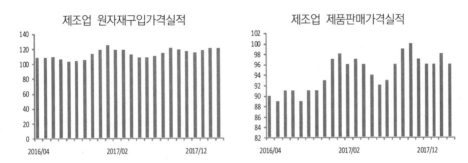

| 그림 1-51 | 2016년 4월부터 2018년 3월까지의 2개년도의 전국실적 중 제조업 원자재구입가격실적(좌)과 제조업 제품판매가격실적(우)의 동향

〈그림 1-50〉과 〈그림 1-51〉의 전국실적 중 제조업 설비투자실적과 채산성실적, 원자재구입가격실적, 제품판매가격실적 등을 통하여 기업체들이 직면하고 있는 대내외 경제여건과 국내 내수실적 등과 관련하여 전략적으로 투자와 관련된 유용한 지표로서 활용이 가능하다. 특히 세계경기(business cycle)의 흐름이 나쁘지 않을 경우에는 이에 대한 선제적인 투자와 이와 관련하여 자금흐름(cash flow)에도 기업들의 적절한 타이밍(timing)의 신속한 의사결정이 중요하다.

'왜 정보경제학을 공부하는 것이 중요한가?'와 관련하여 새로운 정보가 2000년대 초반 이후 매년 33% 정도씩 증대되고 있다는 것으로 설명되고 있다.[5] 이는 영

5 Martin Hibert(2012), "How to Measure "How much Information"? Theoretical, Methodological, and Statistical Challenges for the Social Sciences", *International Journal of Communication,*

정보경제학의 중요성

↓

새로운 정보가 2000년대 초반 이후
매년 33% 정도씩 증대

↓

영화산업과 인쇄물, 광학 및 자기 저장 매체 등에
저장되는 새로운 정보의 양

↓

도서관 및 의회 소장 도서, 모든 인간이 사용하는
구어체와 관련된 것 등에 해당되는 정보

| 그림 1-52 | 정보경제학의 중요성에 대한 체계도

화산업과 인쇄물, 광학 및 자기 저장 매체 등에 저장되는 새로운 정보의 양으로써
도서관 및 의회 소장 도서, 모든 인간이 사용하는 구어체와 관련된 것 등에 해당되
는 정보들이다.

　이와 같은 것들은 빅데이터(big data)와 4차 산업혁명(fourth industrial revolution) 등
이 급진전하면서 가속화되고 있다. 즉, 인공지능의 AI 및 드론, 블록체인, 가상화
폐, 가상현실(virtual reality) 등과 같은 새로운 용어의 등장 등이 새롭게 진행되고 있
는 것이다. 이와 같은 새로운 정보들이 현 상황과 전혀 다른 미래로 연결되기도 하

| 표 1-21 | 정보경제학의 중요성

	내 용
정보경제학의 중요성	• 새로운 정보가 2000년대 초반 이후 매년 33% 정도씩 증대되고 있다는 것으로 설명되고 있다. • 이는 영화산업과 인쇄물, 광학 및 자기 저장 매체 등에 저장되는 새로운 정보의 양으로써 도서관 및 의회 소장 도서, 모든 인간이 사용하는 구어체와 관련된 것 등에 해당되는 정보들이다.

6, pp. 1042~1055.

고 예측이 매우 어렵게 하고 있다. 따라서 정보경제학은 기업들과 경제적 주체들의 새로운 미래 산업에 대하여 게임이론을 통하여 정리하면서 의사결정에 도움을 주고 있는 것이다.

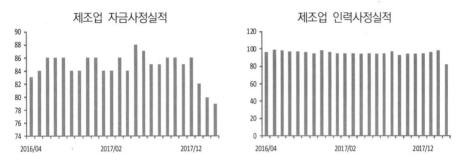

| 그림 1-53 | 2016년 4월부터 2018년 3월까지의 2개년도의 전국실적 중 제조업 자금사정 실적(좌)과 제조업 인력사정실적(우)의 동향

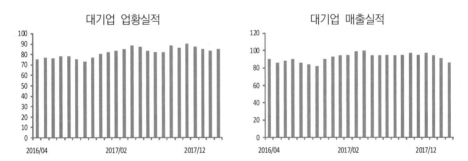

| 그림 1-54 | 2016년 4월부터 2018년 3월까지의 2개년도의 전국실적 중 대기업 업황실적 (좌)과 대기업 매출실적(우)의 동향

〈그림 1-53〉에는 2016년 4월부터 2018년 3월까지의 2개년도의 전국실적 중 제조업 자금사정실적(좌)과 제조업 인력사정실적(우)의 동향이 나와 있다. 그리고 〈그림 1-54〉에는 2016년 4월부터 2018년 3월까지의 2개년도의 전국실적 중 대기업 업황실적(좌)과 대기업 매출실적(우)의 동향이 나타나 있다. 각각의 자료 출처는 한국은행의 경제통계검색시스템[간편검색]에 의한 것이다.

〈그림 1-53〉과 〈그림 1-54〉의 전국실적 중 제조업 자금사정실적과 인력사정 실적, 대기업 업황실적과 매출실적 등을 통하여 기업체들이 직면하고 있고 향후 전

개될 것으로 예상되는 대내외 경제여건과 정부의 인력수급 관련 정책, 국내 내수실적 등에 대한 기업체들의 의사결정 및 전략에 중요한 판단기준을 세울 수 있다.

정보는 경제적 이익을 가져다주는 흥미로운 측면을 지니고 있다. 유체물의 재화뿐만이 아니라 정보 자체도 중요한 경제적인 이익을 서로 공유하고 사적인 재화(private goods)로서의 기능도 충분히 하고 있으며, 4차 산업혁명과 관련하여 그 가치(value)가 점점 증대되고 있다.

'그동안 경제학자들이 경제적인 현상에 대하여 무엇을, 어떻게, 그리고 누구에게 가져다, 주느냐에 대하여 집중적으로 연구한 이유는 무엇일까?'와 관련하여 결국에는 부를 축적하는 것과 연결된 것이다. 이는 생산과 관련된 것과 연결되고 결국에는 경제학과 경영학의 연결로써 시장의 효율성과 연결도 이루어지고 있다. 경영학적인 측면에서는 현재 스마트 팩토리(smart factory)와 같은 시스템이 도입되고 있으며, 이는 각종 4차 산업혁명의 로봇(robot)이나 사물인터넷(IoT: Internet of Things) 등과도 연결되는 것이다.

| 표 1-22 | 정보와 경제적 이익의 관계성

	내 용
정보와 경제적 이익의 관계성	• 유체물의 재화뿐만이 아니라 정보 자체도 중요한 경제적인 이익을 서로 공유하고 사적인 재화(private goods)로서의 기능도 충분히 하고 있으며, 4차 산업혁명과 관련하여 그 가치(value)가 점점 증대되고 있다. • '그동안 경제학자들이 경제적인 현상에 대하여 무엇을, 어떻게, 그리고 누구에게 가져다, 주느냐에 대하여 집중적으로 연구한 이유는 무엇일까?'와 관련하여 결국에는 부를 축적하는 것과 연결된 것이다.

또한 진정한 "경제적 문제"는 분산된 정보를 어떻게 모을 수 있느냐와 관련된 것이다. 이는 지적 재산이 집중되거나 통합된 형태로 존재하는 것이 아니라 흩어져 있고 이와 같은 것들이 모아질 때 큰 재산의 가치 또는 새로운 경제적인 영역의 탄생이 가능하다는 측면으로 연구가 이루어지고 있는 것과 연계성을 갖는다. 따라서 경제학과 정보와의 관계는 시간이 지날수록 점점 긴밀해지고 있다는 측면이다. 이는 경영학과 연결되어 인간의 생활을 편리하게 해주는 문명의 이기의 발명과 연결되어 결국에는 4차 산업혁명과 같이 인간과 기계의 관계를 벗어나 기계와 기계 간

에 있어서도 각종 커뮤니케이션(communication)이 가능해지면서 인간에게 보다 편리하고 쾌적한 삶의 질의 제고로써도 이어질 수 있는 토대가 만들어지고 있다.

| 표 1-23 | 정보 집적화의 경제성 측면

	내 용
정보 집적화의 경제성 측면	• 진정한 "경제적 문제"는 분산된 정보를 어떻게 모을 수 있느냐와 관련된 것이다. • 이는 지적 재산이 집중되거나 통합된 형태로 존재하는 것이 아니라 흩어져 있고 이와 같은 것들이 모아질 때 큰 재산의 가치 또는 새로운 경제적인 영역의 탄생이 가능하다는 측면으로 연구가 이루어지고 있는 것과 연계성을 갖는다.

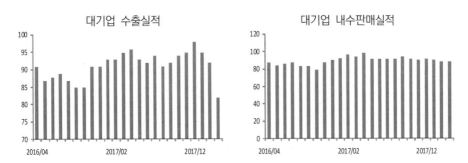

| 그림 1-55 | 2016년 4월부터 2018년 3월까지의 2개년도의 전국실적 중 대기업 수출실적(좌)과 대기업 내수판매실적(우)의 동향

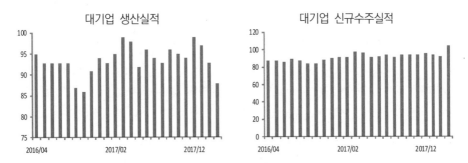

| 그림 1-56 | 2016년 4월부터 2018년 3월까지의 2개년도의 전국실적 중 대기업 생산실적(좌)과 대기업 신규수주실적(우)의 동향

〈그림 1-55〉에는 2016년 4월부터 2018년 3월까지의 2개년도의 전국실적 중 대기업 수출실적(좌)과 대기업 내수판매실적(우)의 동향이 나와 있다. 또한 〈그림 1-56〉에는 2016년 4월부터 2018년 3월까지의 2개년도의 전국실적 중 대기업 생산실적(좌)과 대기업 신규수주실적(우)의 동향이 나타나 있다. 각각의 자료 출처는 한국은행의 경제통계검색시스템[간편검색]에 의한 것이다.

〈그림 1-55〉와 〈그림 1-56〉의 전국실적 중 대기업 수출실적과 내수판매실적, 생산실적, 신규수주실적 등을 통하여 기업체들이 직면하고 있으며 향후 전개될 것으로 보이는 대내외 경제여건과 정부의 정책변화, 국내 내수실적 등에 대한 기업체들의 투자의사결정 및 전략에 중요한 판단기준을 마련할 수 있다.

정보와 경제적 이익의 관계성

↓

유체물의 재화 이외에
정보 자체도 중요한 경제적인 이익을 서로 공유
사적인 재화(private goods)로서 기능

↓

경제학자들이 경제적인 현상에 대하여
무엇을, 어떻게, 그리고 누구에게 주느냐에 대하여
집중적으로 연구

↓

결국에는 부를 축적하는 것과 연결

| 그림 1-57 | 정보와 경제적 이익의 관계성과 관련된 흐름도

정보가 실제로 가져다주는 이익은 막대한 측면이 있다. 특히 이전과 같이 산업구조가 전통적인 1차 산업시대인 농업이 중시되던 사회에서 1차 산업혁명을 거치면서 비약적으로 물자와 식량 등이 증대되고 인구도 상당히 늘어나는 양상을 보였다.

이후 1차 산업혁명의 결과로 인하여 풍부한 물자들은 인구의 비약적인 증대가 결국 소비되는 양상을 보이면서 경제적인 풍요가 생기기 시작한 것이다. 많은 노동자들의 일자리 창출로 이어지고 소비의 촉진과 경제적인 풍요가 연쇄적으로 일어나는 긍정적인 경기의 선순환 구조가 안착된 것이다.

특히 1차 산업혁명을 거치면서 2차 산업인 중화학공업이 많은 일자리를 창출하게 되고 국가의 근간인 기반 시설을 양적으로 팽창시켜왔다. 이후 3차 산업인 서비스 일자리가 중요해지고 삶의 질이 풍요롭게 되는 기반시설이 중요시되는 시대로 접어들었다. 이후의 과정에 있어서는 결국 지식서비스의 양적인 팽창이 가속화되고 전통적인 인간에 의한 모든 산업의 재편 등에서 컴퓨터와 기계에 의존하여 의사결정에 도움을 받게 되는 인터넷 혁명과 신경제(new economy) 등을 거치게 된다.

이후 2010년대에 들어서면서부터는 기계가 독자적으로 인간의 편리성을 도모할 수 있는 4차 산업혁명시대로 접어들면서 사물인터넷을 비롯한 자율적인 주행이 가능한 차서비스에 대한 각종 실험의 증진과 드론 택배가 가능한 사회, 실제로 행하지도 않으면서 체험할 수 있는 가상체험, 3D 프린팅(3D printing) 등 머릿속에만 머물던 각종 정보들이 현실화되면서 이들의 정보가 집적화되어 새로운 학문과 세상을 열어나가고 있는 것이다.

정보 집적화의 경제성 측면

↓

진정한 "경제적 문제"는 분산된 정보를
어떻게 모을 수 있느냐와 관련

↓

지적 재산이 집중되거나 통합된 형태로 존재하는 것이 아니라
흩어져 있고 이와 같은 것들이 모아질 때

↓

큰 재산의 가치 또는 새로운 경제적인 영역의 탄생

| 그림 1-58 | 정보 집적화의 경제성 측면과 관련된 흐름도

| 표 1-24 | 정보와 시장의 기능

	내 용
정보와 시장의 기능	• 유체물인 재화와 동일하게 시장의 기능은 가격 체계에 근거하여 작은 정보들이 모아지고 이렇게 모아진 정보를 수집하여 거래되고 전달하는 것은 사회 전체의 이익에 부합되어진다. • 이는 지적재산권에 해당이 되며, 국경을 넘는 무역과 기업들이 이러한 정보를 활용하여 새로운 부가가치를 창출하고 있는 것이다.

유체물인 재화와 동일하게 시장의 기능은 가격 체계에 근거하여 작은 정보들이 모아지고 이렇게 모아진 정보를 수집하여 거래되고 전달하는 것은 사회 전체의 이익에 부합되어진다. 이는 지적재산권에 해당이 되며, 국경을 넘는 무역과 기업들이 이러한 정보를 활용하여 새로운 부가가치를 창출하고 있는 것이다.

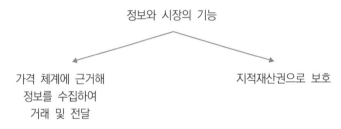

| 그림 1-59 | 정보와 시장의 기능의 연계성과 파급효과

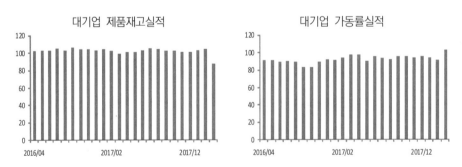

| 그림 1-60 | 2016년 4월부터 2018년 3월까지의 2개년도의 전국실적 중 대기업 제품재고실적(좌)과 대기업 가동률실적(우)의 동향

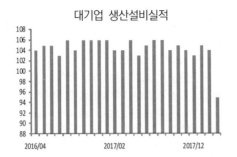

| 그림 1-61 | 2016년 4월부터 2018년 3월까지의 2개년도의 전국실적 중 대기업 생산설비
실적(좌)과 대기업 설비투자실적(우)의 동향

〈그림 1-60〉에는 2016년 4월부터 2018년 3월까지의 2개년도의 전국실적 중 대기업 제품재고실적(좌)과 대기업 가동률실적(우)의 동향이 나타나 있다. 그리고 〈그림 1-61〉에는 2016년 4월부터 2018년 3월까지의 2개년도의 전국실적 중 대기업 생산설비실적(좌)과 대기업 설비투자실적(우)의 동향이 나와 있다. 각각의 자료 출처는 한국은행의 경제통계검색시스템[간편검색]에 의한 것이다.

〈그림 1-60〉과 〈그림 1-61〉의 전국실적 중 대기업 제품재고실적과 가동률실적, 생산설비실적, 설비투자실적 등을 통하여 기업체들이 직면하고 있으며 향후 전개될 것으로 보이는 대내외 경제여건과 정부의 정책변화, 세계경기전망, 국내 내수실적 등에 대한 기업체들의 정보와 시장(market)에서의 컨센서스(consensus), 투자의 사결정 및 전략에 중요한 판단기준을 마련할 수 있다.

정보와 전략적인 측면은 불가분의 관계에 놓여 있다. 즉, 사실에 대해서 뿐만 아니라 다른 사람들이 알고 있는 것에 대해서 예측을 하는 것이 매우 중요하다. 대부분의 사실들은 사건이 발생된 이후에 알 수 있기 때문이다. 그리고 우리가 알고 있는 사실에 대하여 상대방이 알고 있는지에 대하여 아는 것도 매우 중요하다. 동양에서도 '지피지기면 백전백승'이라는 전술과 손자병법 등이 전략적으로 우리의 현재 위치와 상대방이 이에 대하여 어떠한 전략을 세울지에 대해서 국가들 간의 전쟁과 현재의 기업들의 판매전략 및 국가 단위의 무역관계 등에 매우 중요한 영향을 주고 있는 것이다. 따라서 게임이론에서 전개되는 측면이 이러한 전략들과 일맥상통하게 연계성을 지니고 있는 것이다.

| 표 1-25 | 정보와 전략적인 측면의 관계

	내 용
정보와 전략적인 측면의 관계	• 정보와 전략적인 측면은 불가분의 관계에 놓여 있다. • 사실에 대해서 뿐만 아니라 다른 사람들이 알고 있는 것에 대해서 예측을 하는 것이 매우 중요하다. 대부분의 사실들은 사건이 발생된 이후에 알 수 있기 때문이다. • 우리가 알고 있는 사실에 대하여 상대방이 알고 있는지에 대하여 아는 것도 매우 중요하다.

정보와 전략적인 측면은 불가분의 관계

↓

사실에 대해서 뿐만 아니라
다른 사람들이 알고 있는 것에 대해서
예측을 하는 것이 매우 중요

↓

우리가 알고 있는 사실에 대하여
상대방의 알고 있는지에 대하여
아는 것도 매우 중요

| 그림 1-62 | 정보와 전략적인 측면의 관계들의 연계성

〈그림 1-63〉에는 2016년 4월부터 2018년 3월까지 2개년도의 전국실적 중 대기업 채산성실적(좌)과 대기업 원자재구입가격실적(우)의 동향이 나타나 있다. 또한 〈그림 1-64〉에는 2016년 4월부터 2018년 3월까지 2개년도의 전국실적 중 대기업 제품판매가격실적(좌)과 대기업 자금사정실적(우)의 동향이 나와 있다. 각각의 자료 출처는 한국은행의 경제통계검색시스템[간편검색]에 의한 것이다.

〈그림 1-63〉과 〈그림 1-64〉의 전국실적 중 대기업 채산성실적과 원자재구입 가격실적, 제품판매가격실적, 자금사정실적 등을 통하여 기업체들이 직면하고 있으며 향후 전개될 것으로 보이는 정부의 정책변화와 대내외 경제여건, 세계경기전망, 국내 채산성 및 내수실적 등에 대한 기업체들의 정보와 시장(market)에서의 컨센서스(consensus), 투자의사결정 및 전략에 중요한 판단기준을 마련할 수 있다.

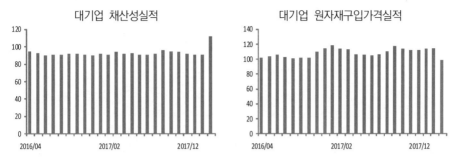

| 그림 1-63 | 2016년 4월부터 2018년 3월까지의 2개년도의 전국실적 중 대기업 채산성실적 (좌)과 대기업 원자재구입가격실적(우)의 동향

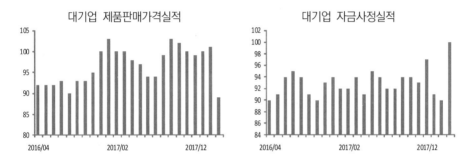

| 그림 1-64 | 2016년 4월부터 2018년 3월까지의 2개년도의 전국실적 중 대기업 제품판매 가격실적(좌)과 대기업 자금사정실적(우)의 동향

CHAPTER 02 불확실성의 원칙과 불리한 역의 선택

제1절 정보경제학과 불확실성의 원칙

상대방의 전략을 관찰하는 행위는 관찰되는 현실을 변화시킬 수 있다. 이는 불확실성 원칙에서 비롯되는 것이다. 즉, 경제 및 전략적 상황에서 정보를 통해서 행하여지는 매우 특별하고 중요한 역할이 만들어진다. 또한 정보는 조작하기 어려운 종류의 경제적 이익이고 시장에 의한 개인별 통합이 항상 원활하게 이루어지지 않을 수도 있다.

정보는 상대방과 스스로 자기편의 상황을 잘 알 경우 그리고 상대방이 이것을 인지(cognition)할 경우 전략적인 행위(behavior)가 달라질 수 있다는 것이다. 예를 들어 상대국가와의 전쟁 억지력의 경우나 혹은 무역전쟁게임(trade war game)에 있어서 이러한 것들과 전개되는 상황들이 매우 중요하다는 것이다.

| 표 2-1 | 정보경제학과 불확실성의 원칙

	내 용
정보경제학과 불확실성의 원칙	• 상대방의 전략을 관찰하는 행위는 관찰되는 현실을 변화시킬 수 있다. 이는 불확실성 원칙에서 비롯되는 것이다. • 즉, 경제 및 전략적 상황에서 정보를 통해서 행하여지는 매우 특별하고 중요한 역할이 만들어진다.

내 용
• 정보는 조작하기 어려운 종류의 경제적 이익이고 시장에 의한 개인별 통합이 항상 원활하게 이루어지지 않을 수도 있다.

정보경제학과 불확실성의 원칙

↓

상대방의 전략을 관찰하는 행위는
관찰되는 현실을 변화시킴

↓

경제 및 전략적 상황에서 정보를 통해서 행하여지는
매우 특별하고 중요한 역할이 만들어짐

↓

정보는 조작하기 어려운 종류의 경제적 이익이며
시장에 의한 개인별 통합이 항상 원활하게
이루어지지 않을 수도 있음

| 그림 2-1 | 정보경제학과 불확실성의 원칙 체계도

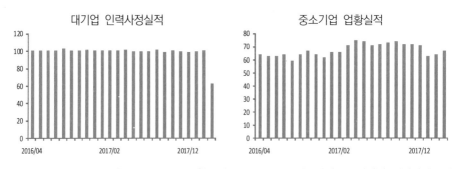

| 그림 2-2 | 2016년 4월부터 2018년 3월까지의 2개년도의 전국실적 중 대기업 인력사정실적
(좌)과 중소기업 업황실적(우)의 동향

〈그림 2-2〉에는 2016년 4월부터 2018년 3월까지의 2개년도의 전국실적 중 대기업 인력사정실적(좌)과 중소기업 업황실적(우)의 동향이 나타나 있다. 또한 〈그림 2-3〉에는 2016년 4월부터 2018년 3월까지의 2개년도의 전국실적 중 중소기업 매

출실적(좌)과 중소기업 수출실적(우)의 동향이 나와 있다. 각각의 자료 출처는 한국은행의 경제통계검색시스템[간편검색]에 의한 것이다.

〈그림 2-2〉와 〈그림 2-3〉의 전국실적 중 대기업 인력사정실적과 중소기업 업황실적, 매출실적, 수출실적 등을 통하여 기업체들이 직면하고 있으며 향후 전개될 것으로 보이는 정부의 정책변화와 대내외 경제여건, 세계경기전망, 국내 대기업과의 협력관계 및 내수실적 등에 대한 기업체들의 정보와 시장(market)에서의 컨센서스(consensus), 투자의사결정 및 전략에 중요한 기준을 마련할 수 있다.

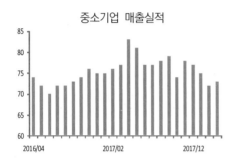
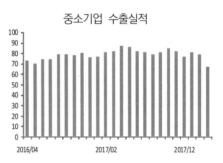

| 그림 2-3 | 2016년 4월부터 2018년 3월까지의 2개년도의 전국실적 중 중소기업 매출실적 (좌)과 중소기업 수출실적(우)의 동향

| 표 2-2 | 정보경제학의 전략적 중요성

	내 용
정보경제학의 전략적 중요성	• 왜냐하면 정보는 많은 실제 현상과 문제의 근원이 되기도 하기 때문이다. 예를 들어, 첫째, 재정학(public finance) 영역에서 많이 다루어지는 건강보험(health insurance)이 왜 효과가 없을 수 있는지와 같은 문제들이 있다. 역의 선택(adverse selection)으로 인하여 건강하지 않은 사람들이 더 많이 건강보험에 가입을 할 경우에 생명보험회사들의 재정상황이 취약해질 수 있음을 지적하고 있는 것이다. • 둘째, 은행(bank)들이 감독을 받는 이유와 때로는 은행들이 정부의 정책적인 어려움에 처할 수 있는지와 관련된 경우 등이다. 이는 은행의 수입구조가 수수료 수입에 많이 의존한다고 가정할 경우 정부의 예기치 않은 금리정책변화(unexpected interest policy change) 등에 취약해질 수 있음도 하나의 어려움에 처해질 수 있는 예이다. • 이와 같이 정보경제학은 많은 부분에서 실질적인 정책 및 전략과 매우 밀접한 관련성을 가지게 되는 것이다.

정보는 전략적으로 매우 중요하다. 왜냐하면 정보는 많은 실제 현상과 문제의 근원이 되기도 하기 때문이다. 예를 들어, 첫째, 재정학(public finance) 영역에서 많이 다루어지는 건강 보험(health insurance)이 왜 효과가 없을 수 있는지와 같은 문제들이 있다. 역의 선택(adverse selection)으로 인하여 건강하지 않은 사람들이 더 많이 건강보험에 가입을 할 경우에 생명보험회사들의 재정상황이 취약해질 수 있음을 지적하고 있는 것이다. 둘째, 은행(bank)들이 감독을 받는 이유와 때로는 은행들이 정부의 정책적인 어려움에 처할 수 있는지와 관련된 경우 등이다. 이는 은행의 수입구조가 수수료 수입에 많이 의존한다고 가정할 경우 정부의 예기치 않은 금리정책변화(unexpected interest policy change) 등에 취약해질 수 있음도 하나의 어려움에 처해질 수 있는 예이다. 이와 같이 정보경제학은 많은 부분에서 실질적인 정책 및 전략과 매우 밀접한 관련성을 가지게 되는 것이다.

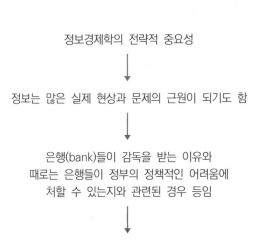

정보경제학의 전략적 중요성

↓

정보는 많은 실제 현상과 문제의 근원이 되기도 함

↓

은행(bank)들이 감독을 받는 이유와
때로는 은행들이 정부의 정책적인 어려움에
처할 수 있는지와 관련된 경우 등임

↓

정보경제학은 많은 부분에서
실질적인 정책 및 전략과 매우 밀접한 관련성

| 그림 2-4 | 정보경제학의 전략적 중요성 관련 사례

〈그림 2-5〉에는 2016년 4월부터 2018년 3월까지의 2개년도의 전국실적 중 중소기업 내수판매실적(좌)과 중소기업 생산실적(우)의 동향이 나타나 있다. 또한 〈그림 2-6〉에는 2016년 4월부터 2018년 3월까지의 2개년도의 전국실적 중 중소기업 신규수주실적(좌)과 중소기업 제품재고실적(우)의 동향이 나와 있다. 각각의 자료 출처는 한국은행의 경제통계검색시스템[간편검색]에 의한 것이다.

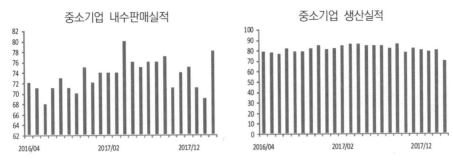

| 그림 2-5 | 2016년 4월부터 2018년 3월까지의 2개년도의 전국실적 중 중소기업 내수판매실적(좌)과 중소기업 생산실적(우)의 동향

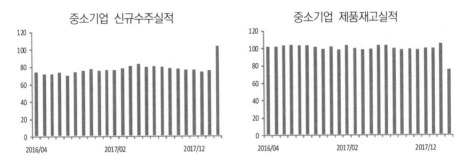

| 그림 2-6 | 2016년 4월부터 2018년 3월까지의 2개년도의 전국실적 중 중소기업 신규수주실적(좌)과 중소기업 제품재고실적(우)의 동향

〈그림 2-5〉와 〈그림 2-6〉의 전국실적 중 중소기업 내수판매실적과 생산실적, 신규수주실적, 제품재고실적 등을 통하여 기업체들이 직면하고 있으며 향후 전개될 것으로 보이는 정부정책 패러다임(paradigm)의 변화와 대내외 경제여건, 세계경기전망, 한국 특유의 지정학적인(geopolitical) 관계 변화, 국내 대기업과의 협력관계 및 내수실적 등에 대한 기업체들의 정보와 시장(market)에서의 컨센서스(consensus), 투자의사결정 및 전략에 중요한 판단기준을 마련할 수 있다.

정보경제학과 산업

↓

정보경제하은 이미 많은 산업부문에서
받아들여져 활용되고 있음

↓

사람들 사이에서 관계에 있어서 정보의 중요성에 대한
깊은 이해가 반영되고 있음을 의미

↓

학문적인 영역에 있어서도 경제학뿐만 아니라
경영학적인 측면에서도 폭넓게 응용되고 있음

| 그림 2-7 | 정보경제학과 산업의 연관도

정보경제학은 이미 많은 산업부문에서 받아들여져 활용되고 있다. 이는 사람들 사이에서 관계에 있어서 정보의 중요성에 대한 깊은 이해가 반영되고 있음을 의미한다. 학문적인 영역에 있어서도 경제학뿐만 아니라 경영학적인 측면에서도 폭넓게 응용되고 있다. 이는 4차 산업혁명과 연결되고 정보의 공유 측면에서 블록체인과 가상화폐의 영역으로 정보의 중요성이 시간이 흐를수록 증대되고 있는 것이다.

| 표 2-3 | 정보경제학과 산업

	내 용
정보경제학과 산업	• 정보경제학은 이미 많은 산업부문에서 받아들여져 활용되고 있다. • 이는 사람들 사이에서 관계에 있어서 정보의 중요성에 대한 깊은 이해가 반영되고 있음을 의미한다. • 학문적인 영역에 있어서도 경제학뿐만 아니라 경영학적인 측면에서도 폭넓게 응용되고 있다. 이는 4차 산업혁명과 연결되고 정보의 공유 측면에서 블록체인과 가상화폐의 영역으로 정보의 중요성이 시간이 흐를수록 증대되고 있는 것이다.

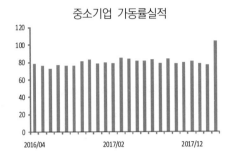

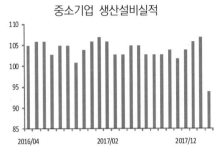

| 그림 2-8 | 2016년 4월부터 2018년 3월까지의 2개년도의 전국실적 중 중소기업 가동률실적
(좌)과 중소기업 생산설비실적(우)의 동향

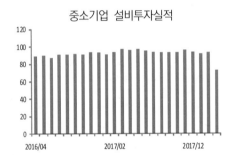

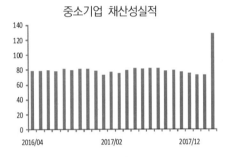

| 그림 2-9 | 2016년 4월부터 2018년 3월까지의 2개년도의 전국실적 중 중소기업 설비투자
실적(좌)과 중소기업 채산성실적(우)의 동향

〈그림 2-8〉에는 2016년 4월부터 2018년 3월까지의 2개년도의 전국실적 중 중소기업 가동률실적(좌)과 중소기업 생산설비실적(우)의 동향이 나타나 있다. 또한 〈그림 2-9〉에는 2016년 4월부터 2018년 3월까지의 2개년도의 전국실적 중 중소기업 설비투자실적(좌)과 중소기업 채산성실적(우)의 동향이 나타나 있다. 각각의 자료 출처는 한국은행의 경제통계검색시스템[간편검색]에 의한 것이다.

〈그림 2-8〉과 〈그림 2-9〉의 전국실적 중 중소기업 가동률실적과 생산설비실적, 설비투자실적, 채산성실적 등을 통하여 기업체들이 직면하고 있으며 향후 전개될 것으로 보이는 정부정책 패러다임(paradigm)의 변화와 국내 대기업과의 협력관계, 대내외 경제적인 여건, 세계경기전망(world economic forecast), 국내내수실적 등에 대한 기업체들의 정보와 시장(market)에서의 경기전망과 관련된 컨센서스(consensus), 투자의사결정 및 전략상에 걸쳐서 중요한 판단기준을 마련할 수 있다.

역의 불리한 선택과 신호체계, 선별에 대한 경제학적인 이론과 모형에 있어서 정보의 비대칭성에 따른 영향을 분석하기 위하여 정보경제학에서의 게임이론이 적용되고 있다. 이와 같이 게임이론이 도입된 것은 건강보험에서 건강한 사람과 그렇지 못한 가입자들에 대한 선별의 어려움과 이에 따른 보험회사에 불리한 역의 선택 가능성 문제 등이 다양한 영역에서 다루어지고 있는 것이다.

| 표 2-4 | 정보경제학에서의 게임이론의 적용

	내 용
정보경제학에서 게임이론의 적용	• 역의 불리한 선택과 신호체계, 선별에 대한 경제학적인 이론과 모형에 있어서 정보의 비대칭성에 따른 영향을 분석하기 위하여 정보경제학에서의 게임이론이 적용되고 있다. • 이와 같이 게임이론이 도입된 것은 건강보험에서 건강한 사람과 그렇지 못한 가입자들에 대한 선별의 어려움과 이에 따른 보험회사에 불리한 역의 선택 가능성 문제 등이 다양한 영역에서 다루어지고 있는 것이다.

정보경제학에서의 게임이론의 적용

↓

역의 불리한 선택과 신호체계, 선별에 대한
경제학적인 이론과 모형에 있어서
정보의 비대칭성에 따른 영향을 분석하기 위해 도입

↓

예를 들어 건강보험이 대표적인 예이며,
다양한 영역에서 다루어지고 있음

| 그림 2-10 | 정보경제학에서의 게임이론의 적용 분석

〈그림 2-11〉에는 2016년 4월부터 2018년 3월까지의 2개년도의 전국실적 중 중소기업 원자재구입가격실적(좌)과 중소기업 제품판매가격실적(우)의 동향이 나타나 있다. 그리고 〈그림 2-12〉에는 2016년 4월부터 2018년 3월까지의 2개년도의 전국실적 중 중소기업 자금사정실적(좌)과 중소기업 인력사정실적(우)의 동향이 나와 있다. 각각의 자료 출처는 한국은행의 경제통계검색시스템[간편검색]에 의한 것이다.

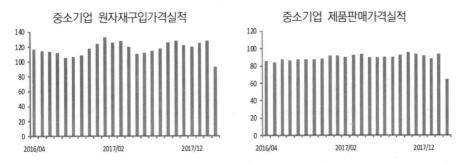

| 그림 2-11 | 2016년 4월부터 2018년 3월까지의 2개년도의 전국실적 중 중소기업 원자재
구입가격실적(좌)과 중소기업 제품판매가격실적(우)의 동향

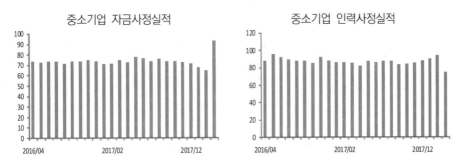

| 그림 2-12 | 2016년 4월부터 2018년 3월까지의 2개년도의 전국실적 중 중소기업 자금사정
실적(좌)과 중소기업 인력사정실적(우)의 동향

〈그림 2-11〉과 〈그림 2-12〉의 전국실적 중 중소기업 원자재구입가격실적과
제품판매가격실적, 자금사정실적, 인력사정실적 등을 통하여 기업체들이 직면하고
있으며 향후 전개될 것으로 보이는 정부정책 패러다임의 변화와 국내 대기업과의
협력관계, 대내외 경제적인 여건, 세계경기전망, 국내내수실적 등에 대한 기업체들
의 정보와 시장에서의 경기전망과 관련된 컨센서스, 국내 특유의 지정학적인 요인
등을 포함한 투자의사결정 및 전략상에 걸쳐서 중요한 판단기준을 마련할 수 있다.

제2절 불리한 역의 선택과 선별문제

불리한 역의 선택은 정보에 입각한 개인들 간의 거래에 있어서의 결정이 다른 정보가 없는 시장 참여자에게 불리하게 영향을 주는 방식으로 비공개된 정보에 의존하게 될 때 생기게 된다. 즉, 건강보험의 경우 건강한 사람보다 그렇지 못한 사람들이 더 건강보험에 가입할 수가 있는데, 보험회사 입장에서는 이들에 대한 선별이 어려울 수 있다. 이에 따라 보험회사는 불리한 역의 선택을 할 가능성의 위험(risk)에 노출(exposure)되게 된다.

| 표 2-5 | 불리한 역의 선택과 선별문제

	내 용
불리한 역의 선택과 선별문제	• 불리한 역의 선택은 정보에 입각한 개인들 간의 거래에 있어서의 결정이 다른 정보가 없는 시장 참여자에게 불리하게 영향을 주는 방식으로 비공개된 정보에 의존하게 될 때 생기게 된다. • 건강보험의 경우 건강한 사람보다 그렇지 못한 사람들이 더 건강보험에 가입할 수가 있는데, 보험회사 입장에서는 이들에 대한 선별이 어려울 수 있다. 이에 따라 보험회사는 불리한 역의 선택을 할 가능성의 위험(risk)에 노출(exposure)되게 된다.

불리한 역의 선택과 선별문제

↓

다른 정보가 없는 시장 참여자에게 불리하게 영향을
주는 방식으로 비공개된 정보에 의존하게 될 때 발생

↓

건강보험의 경우 건강한 사람보다 그렇지 못한 사람들이
더 건강보험에 가입할 수가 있는데,
보험회사 입장에서는 이들에 대한 선별이 어려울 수 있음

| 그림 2-13 | 불리한 역의 선택과 선별문제의 연결흐름

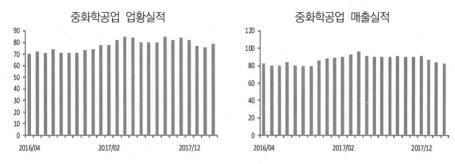

| 그림 2-14 | 2016년 4월부터 2018년 3월까지의 2개년도의 전국실적 중 중화학공업 업황실적(좌)과 중화학공업 매출실적(우)의 동향

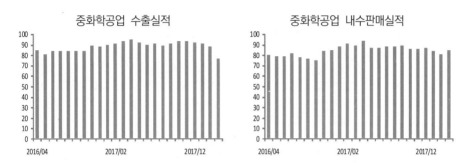

| 그림 2-15 | 2016년 4월부터 2018년 3월까지의 2개년도의 전국실적 중 중화학공업 수출실적(좌)과 중화학공업 내수판매실적(우)의 동향

〈그림 2-14〉에는 2016년 4월부터 2018년 3월까지의 2개년도의 전국실적 중 중화학공업 업황실적(좌)과 중화학공업 매출실적(우)의 동향이 나타나 있다. 그리고 〈그림 2-15〉에는 2016년 4월부터 2018년 3월까지의 2개년도의 전국실적 중 중화학공업 수출실적(좌)과 중화학공업 내수판매실적(우)의 동향이 나와 있다. 각각의 자료 출처는 한국은행의 경제통계검색시스템[간편검색]에 의한 것이다.

〈그림 2-14〉와 〈그림 2-15〉의 전국실적 중 중화학공업 업황실적과 매출실적, 수출실적, 내수판매실적 등을 통하여 기업체들이 직면하고 있으며 향후 전개될 것으로 보이는 정부정책 패러다임의 변화에 대한 전략 마련에 중요한 판단기준을 마련할 수 있다. 이는 최저임금(minimum wage)과 같은 정책적인 변화에 대한 대응과 동시에 중화학공업이 인력창출이 높은 산업인만큼 이에 대한 면밀한 분석이 필요

한 것이다. 이외에도 대내외 경제적인 여건, 세계경기전망, 국내내수실적 등에 대한 기업체들의 정보와 시장에서의 경기전망과 관련된 컨센서스, 국내 특유의 지정학적인 요인 등을 포함한 투자의사결정 및 전략상에 걸쳐서 중요한 판단기준의 토대로 삼을 수 있다.

| 표 2-6 | 불리한 역의 선택과 파급효과

	내 용
불리한 역의 선택과 파급효과	• 불리한 역의 선택이 있을 때에는 정보가 없는 거래자는 그들과 거래하기를 원하는 정보를 소유한 거래 상대방을 당연히 경계할 수밖에 없다. • 그 거래 상대방으로부터 제공된 제품에 대하여는 지불할 의사가 낮게 된다. • 이와 같이 비대칭성의 정보(asymmetric information)가 발생할 경우 개인 간의 상거래 뿐 아니라 국가 간의 무역(trade)에 있어서도 걸림돌로 작용할 가능성이 큰 것이다. • 이와 같은 결과의 초래는 최우선의 결과를 제외시키게 될 수도 있다. 개인 간의 상거래 뿐 아니라 국가 간의 무역에 있어서도 서로 승자가 되는 게임의 전략구조를 가져야 하는데 비대칭성의 정보가 이를 가로막을 수도 있다는 것이다.

불리한 역의 선택이 있을 때에는 정보가 없는 거래자는 그들과 거래하기를 원하는 정보를 소유한 거래 상대방을 당연히 경계할 수밖에 없다. 그리고 그 거래 상대방으로부터 제공된 제품에 대하여는 지불할 의사가 낮게 된다. 이와 같이 비대칭성의 정보(asymmetric information)가 발생할 경우 개인 간의 상거래 뿐 아니라 국가 간의 무역(trade)에 있어서도 걸림돌로 작용할 가능성이 큰 것이다. 이와 같은 결과의 초래는 최우선의 결과를 제외시키게 될 수도 있다. 개인 간의 상거래 뿐 아니라 국가 간의 무역에 있어서도 서로 승자가 되는 게임의 전략구조를 가져야 하는데 비대칭성의 정보가 이를 가로막을 수도 있다는 것이다.

불리한 역의 선택과 파급효과

↓

정보가 없는 거래자는 그들과 거래하기를 원하는
정보를 소유한 거래 상대방을 당연히 경계

↓

거래 상대방으로부터 제공된 제품에 대하여는 지불할 의사가 낮게 됨

↓

이와 같은 결과의 초래는 최우선의 결과를 제외시키게 될 수도 있음

| 그림 2-16 | 불리한 역의 선택과 파급효과의 전개과정

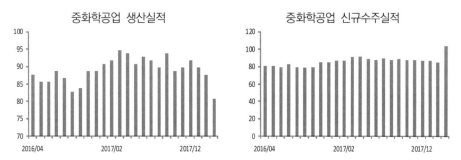

| 그림 2-17 | 2016년 4월부터 2018년 3월까지의 2개년도의 전국실적 중 중화학공업 생산
실적(좌)과 중화학공업 신규수주실적(우)의 동향

〈그림 2-17〉에는 2016년 4월부터 2018년 3월까지의 2개년도의 전국실적 중 중화학공업 생산실적(좌)과 중화학공업 신규수주실적(우)의 동향이 나타나 있다. 그리고 〈그림 2-18〉에는 2016년 4월부터 2018년 3월까지의 2개년도의 전국실적 중 중화학공업 제품재고실적(좌)과 중화학공업 가동률실적(우)의 동향이 나와 있다. 각각의 자료 출처는 한국은행의 경제통계검색시스템[간편검색]에 의한 것이다.

〈그림 2-17〉과 〈그림 2-18〉의 전국실적 중 중화학공업 생산실적과 신규수주실적, 제품재고실적, 가동률실적 등을 통하여 기업체들이 직면하고 있으며 향후 전개될 것으로 보이는 정부정책 패러다임의 변화에 대한 전략 마련에 중요한 판단기준을 마련할 수 있다. 이는 최저임금(minimum wage)과 같은 국내의 정책적인 변화와

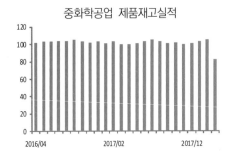
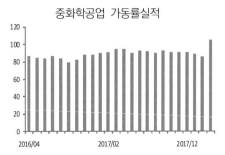

| 그림 2-18 | 2016년 4월부터 2018년 3월까지의 2개년도의 전국실적 중 중화학공업 제품 재고실적(좌)과 중화학공업 가동률실적(우)의 동향

세계 경기변동(business cycle) 등의 변화 등에 대하여 면밀한 분석 자료의 기초가 될 수 있다. 또한 국내내수실적 등에 대한 기업체들의 정보와 시장에서의 경기전망과 관련된 컨센서스, 국내 특유의 지정학적인 요인 등을 포함한 투자의사결정 및 전략적인 판단에 기준이 될 수 있다.

불리한 역의 선택에 있어서 분석의 판단 기준과 이것을 분석하는 동기부여에 대한 가정은 다음과 같다. 첫째, 많은 숫자의 판매자들과 구매자들이 있어야 분석이 용이하다. 둘째, 각각의 판매자는 적어도 판매할 대상의 물품을 하나는 갖고 있어야 한다. 셋째, 각각의 구매자는 이와 같은 판매자의 판매 대상 물품에 대하여 적어도 하나는 구매할 의사가 있어야 한다. 따라서 판매자의 적정한 품질의 물품에 대하여 구매자는 적정한 가격의 구매 의사가 있게 된다. 그리고 이와 같은 경우에는 판매자와 구매자가 각각 합리적인 행동을 보일 경우에 해당한다.

| 표 2-7 | 불리한 역의 선택에 있어서 분석의 동기부여에 대한 가정

	내 용
불리한 역의 선택에 있어서 분석의 동기부여에 대한 가정	• 첫째, 많은 숫자의 판매자들과 구매자들이 있어야 분석이 용이하다. • 둘째, 각각의 판매자는 적어도 판매할 대상의 물품이 하나는 존재하여야 한다. • 셋째, 각각의 구매자는 이와 같은 판매자의 판매 대상 물품에 대하여 적어도 하나는 구매할 의사가 있어야 한다. • 따라서 판매자의 적정한 품질의 물품에 대하여 구매자는 적정한 가격의 구매 의사가 있게 된다.

불리한 역의 선택에 있어서 분석의 동기부여에 대한 가정

↓

많은 숫자의 판매자 및 구매자가 있어야 분석이 용이

↓

각각의 판매자: 적어도 판매할 대상의
물품이 하나는 갖고 있어야 함

↓

각각의 구매자: 판매자의 판매 대상 물품에 대해
적어도 하나는 구매할 의사가 있어야 함

| 그림 2-19 | 불리한 역의 선택에 있어서 분석의 동기부여에 대한 가정의 체계도

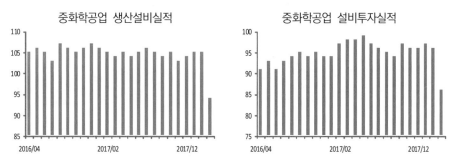

| 그림 2-20 | 2016년 4월부터 2018년 3월까지의 2개년도의 전국실적 중 중화학공업 생산
설비실적(좌)과 중화학공업 설비투자실적(우)의 동향

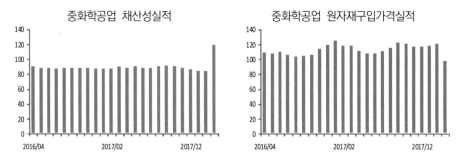

| 그림 2-21 | 2016년 4월부터 2018년 3월까지의 2개년도의 전국실적 중 중화학공업 채산성
실적(좌)과 중화학공업 원자재구입가격실적(우)의 동향

〈그림 2-20〉에는 2016년 4월부터 2018년 3월까지의 2개년도의 전국실적 중 중화학공업 생산설비실적(좌)과 중화학공업 설비투자실적(우)의 동향이 나타나 있다. 그리고 〈그림 2-21〉에는 2016년 4월부터 2018년 3월까지의 2개년도의 전국실적 중 중화학공업 채산성실적(좌)과 중화학공업 원자재구입가격실적(우)의 동향이 나와 있다. 각각의 자료 출처는 한국은행의 경제통계검색시스템[간편검색]에 의한 것이다.

〈그림 2-20〉과 〈그림 2-21〉의 전국실적 중 중화학공업 생산설비실적과 설비투자실적, 채산성실적, 원자재구입가격실적 등을 통하여 기업체들이 직면하고 있으며 향후 전개될 것으로 보이는 정부정책 패러다임의 변화에 대한 전략 마련에 중요한 판단기준을 마련할 수 있다. 이는 기업체들이 당면하고 있는 미국 금리의 인상 등에 따른 금융시장(financial maket)의 변동과 국내 최저임금과 같은 국내의 정책적인 변화와 세계 경기변동 등의 변화 등에 대하여 면밀한 분석 자료의 기초가 될 수 있다. 또한 국내내수실적 등에 대한 기업체들의 정보와 시장에서의 경기전망과 관련된 컨센서스 등을 포함한 투자의사결정 및 전략적인 판단에 기준 요인이 될 수 있다.

완전한 정보와 대칭성 정보의 중요성

↓

완전한 정보를 구매자가 갖고 있다면 불리한 역의 선택은 존재하지 않음

↓

가정에서와 같이 모든 판매자가 판매하려고 하는
대상의 물품은 모두 판매가 이루어질 수 있음

↓

완전한 정보가 판매자와 구매자에게 모두 제공되지
않는다면, 적정한 수준의 가격보다 낮은 가격이 제시될 때에
판매가 이루어질 수 있음

↓

비대칭성의 정보보다는 대칭성의 정보가 판매자와 구매자에게
동시에 제공될 때의 결과는 보다 효율성을 지니는 최선의
결과가 도출될 수 있음

| 그림 2-22 | 완전한 정보와 대칭성의 정보의 중요성에 대한 흐름도

만일 완전한 정보를 구매자가 갖고 있다면 불리한 역의 선택은 존재하지 않게 된다. 따라서 가정에서와 같이 모든 판매자가 판매하려고 하는 대상의 물품은 모두 판매가 이루어질 수 있다. 만일 완전한 정보가 판매자와 구매자에게 모두 제공되지 않는다면, 적정한 수준의 가격보다 낮은 가격이 제시될 때에 판매가 이루어질 수 있다. 이는 앞에서 소개한 바와 같이 정보경제학의 발전에 결정적인 기여를 한 인물 중에 한명인 아커로프(Akerlof, 1970)가 제시한 중고제품의 시장을 가지고 설명한 결론과 유사성을 지니게 된다. 따라서 비대칭성의 정보보다는 대칭성의 정보가 판매자와 구매자에게 동시에 제공될 때의 결과는 보다 효율성을 지니는 최선의 결과가 도출될 수 있다.

| 표 2-8 | 완전한 정보와 대칭성 정보의 중요성

	내용
완전한 정보와 대칭성 정보의 중요성	• 만일 완전한 정보를 구매자가 갖고 있다면 불리한 역의 선택은 존재하지 않게 된다. • 따라서 가정에서와 같이 모든 판매자가 판매하려고 하는 대상의 물품은 모두 판매가 이루어질 수 있다. • 만일 완전한 정보가 판매자와 구매자에게 모두 제공되지 않는다면, 적정한 수준의 가격보다 낮은 가격이 제시될 때에 판매가 이루어질 수 있다. • 이는 앞에서 소개한 바와 같이 정보경제학의 발전에 결정적인 기여를 한 인물 중에 한명인 아커로프(Akerlof, 1970)가 제시한 중고제품의 시장을 가지고 설명한 결론과 유사성을 지니게 된다. • 따라서 비대칭성의 정보보다는 대칭성의 정보가 판매자와 구매자에게 동시에 제공될 때의 결과는 보다 효율성을 지니는 최선의 결과가 도출될 수 있다.

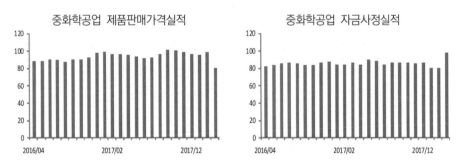

| 그림 2-23 | 2016년 4월부터 2018년 3월까지의 2개년도의 전국실적 중 중화학공업 제품 판매가격실적(좌)과 중화학공업 자금사정실적(우)의 동향

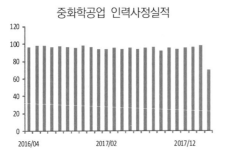
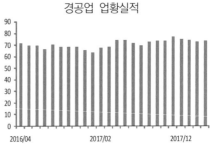

| 그림 2-24 | 2016년 4월부터 2018년 3월까지의 2개년도의 전국실적 중 중화학공업 인력
사정실적(좌)과 경공업 업황실적(우)의 동향

〈그림 2-23〉에는 2016년 4월부터 2018년 3월까지의 2개년도의 전국실적 중 중화학공업 제품판매가격실적(좌)과 중화학공업 자금사정실적(우)의 동향이 나타나 있다. 그리고 〈그림 2-24〉에는 2016년 4월부터 2018년 3월까지의 2개년도의 전국실적 중 중화학공업 인력사정실적(좌)과 경공업 업황실적(우)의 동향이 나와 있다. 각각의 자료 출처는 한국은행의 경제통계검색시스템[간편검색]에 의한 것이다.

〈그림 2-23〉과 〈그림 2-24〉의 전국실적 중 중화학공업 제품판매가격실적과 자금사정실적, 인력사정실적 그리고 경공업 업황실적 등을 통하여 기업체들이 직면하고 있으며 향후 전개될 것으로 보이는 정부정책 패러다임의 변화에 대한 전략마련에 중요한 판단기준을 마련할 수 있다. 중화학공업의 경우에 있어서는 세계 환경변화와 관련된 이슈와 법 규정의 개정에도 민감하게 대처해야 하고, 경공업의 경우에 있어서는 빠른 기술 속도의 진화에 따른 대처 능력의 향상 등에 대비해 나가야 한다. 또한 기업체들이 당면하고 있는 미국 금리의 인상 등에 따른 금융시장의 변동과 국내 최저임금과 같은 국내의 정책적인 변화와 세계 경기변동 등의 변화 등에 대해서도 면밀한 분석 자료의 기초가 될 수 있다. 또한 국내내수실적 등에 대한 기업체들의 정보와 시장에서의 경기전망과 관련된 컨센서스 등을 포함한 투자 의사결정 및 전략적인 판단에 중요한 요인이 될 수 있다.

판매자의 경우: 품질의 우수성에 대한 입증의 중요성

↓

불리한 역의 선택모형에서 구매자에게 이전과 같은 가격으로
판매하려고 할 경우에는 결국 품질의 우수성을 입증해야 함

↓

한국의 제품도 이와 같이 가격경쟁력과 우수한 품질(quality)의
양쪽 측면 모두에서 우수성을 입증해야 하는 처지에 놓여 있음

↓

이전과 비슷한 품질의 유지될 경우에는 가격을 낮추어야
판매가 쉽게 이루어질 수 있음

↓

품질이 경쟁국들에 비하여 우수하다는 것이 인증될 경우에만
적정한 가격에 구매자들이 선뜻 구매에 동의할 것임

| 그림 2-25 | 판매자의 경우에 있어 품질 우수성에 대한 입증의 중요성에 대한 체계도

불리한 역의 선택모형에서 구매자에게 이전과 같은 가격에서 판매하려고 할 경우에는 결국 품질의 우수성을 입증해야 한다. 한국의 제품도 이와 같이 가격경쟁력과 우수한 품질(quality)의 양쪽 측면 모두에서 우수성을 입증해야 하는 처지에 놓여 있다. 즉, 이전과 비슷한 품질이 유지될 경우에는 가격을 낮추어야 판매가 쉽게 이루어질 수 있고, 품질이 경쟁국들에 비하여 우수하다는 것이 인증될 경우에만 적정한 가격에 구매자들이 선뜻 구매에 동의할 것이기 때문이다.

| 표 2-9 | 판매자의 경우: 품질의 우수성에 대한 입증의 중요성

	내 용
판매자의 경우에 있어서 품질의 우수성에 대한 입증의 중요성	• 불리한 역의 선택모형에서 구매자에게 이전과 같은 가격에서 판매하려고 할 경우에는 결국 품질의 우수성을 입증해야 한다. • 한국의 제품도 이와 같이 가격경쟁력과 우수한 품질(quality)의 양쪽 측면 모두에서 우수성을 입증해야 하는 처지에 놓여 있다. • 즉, 이전과 비슷한 품질이 유지될 경우에는 가격을 낮추어야 판매가 쉽게 이루어질 수 있고, 품질이 경쟁국들에 비하여 우수하다는 것이 인증될 경우에만 적정한 가격에 구매자들이 선뜻 구매에 동의할 것이기 때문이다.

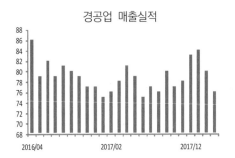
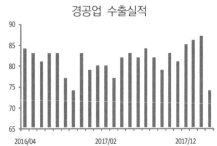

| 그림 2-26 | 2016년 4월부터 2018년 3월까지의 2개년도의 전국실적 중 경공업 매출실적(좌)
과 경공업 수출실적(우)의 동향

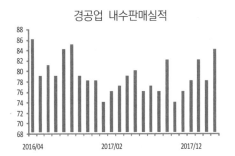
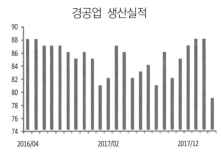

| 그림 2-27 | 2016년 4월부터 2018년 3월까지의 2개년도의 전국실적 중 경공업 내수판매
실적(좌)과 경공업 생산실적(우)의 동향

〈그림 2-26〉에는 2016년 4월부터 2018년 3월까지의 2개년도의 전국실적 중 경공업 매출실적(좌)과 경공업 수출실적(우)의 동향이 나타나 있다. 그리고 〈그림 2-27〉에는 2016년 4월부터 2018년 3월까지의 2개년도의 전국실적 중 경공업 내수판매실적(좌)과 경공업 생산실적(우)의 동향이 나와 있다. 각각의 자료 출처는 한국은행의 경제통계검색시스템[간편검색]에 의한 것이다.

〈그림 2-26〉과 〈그림 2-27〉의 전국실적 중 경공업 매출실적과 수출실적, 내수판매실적, 생산실적 등을 통하여 기업체들이 직면하고 있으며 향후 전개될 것으로 보이는 정부정책 패러다임의 변화에 대한 전략 마련에 중요한 판단기준을 마련할 수 있다. 경공업의 경우에 있어서 국내 최저임금의 변화와 같은 정책적인 변화 이슈와 세계 시장(world market)에서의 빠른 기술 속도의 진화에 따른 대처 능력의 향상 등에 대비해 나가야 한다. 또한 기업체들이 당면하고 있는 미국 금리의 인상 등

에 따른 금융시장의 변동과 세계적으로 나타나는 경기변동 등의 변화 등에 대해서도 면밀한 분석 자료의 기초가 될 수 있다. 또한 국내내수실적 등에 대한 기업체들의 정보와 시장에서의 경기전망과 관련된 컨센서스 등을 포함한 투자의사결정 및 전략적인 판단 요인이 될 수 있다.

신호체계와 정보비용

신호체계와 모형

제1절 신호체계와 선별 모형

신호체계 모형에서 각각의 판매자들은 자신들보다 능력이 낮은 사람들과 자신들을 별개로 구분하는 행동을 선택할 수 있다. 한편 이러한 행동들이 신호체계로서 유용하다는 전제 조건이 되려면, 그 한계적인 비용이 흔히 대리인의 문제와 관련되어 있다고 판단할 수 있다.

| 표 3-1 | 신호체계 모형

신호체계 모형	내 용
신호체계 모형	• 신호체계 모형에서 각각의 판매자들은 자신들보다 능력이 낮은 사람들과 자신들을 별개로 구분하는 행동을 선택할 수 있다. • 이러한 행동들이 신호체계로서 유용하다는 전제 조건이 되려면, 그 한계적인 비용이 흔히 대리인의 문제와 관련되어 있다고 판단할 수 있다.

신호체계 모형

↓

각각의 판매자들은 자신들보다 능력이 낮은 사람들과
자신들을 별개로 구분하는 행동을 선택할 수 있음

↓

이러한 행동들이 신호체계로서 유용하다는
전제 조건이 되려면, 그 한계적인 비용이 흔히
대리인의 문제와 관련되어 있다고 판단할 수 있음

| 그림 3-1 | 신호체계 모형의 체계도

〈그림 3-2〉에는 2016년 4월부터 2018년 3월까지의 2개년도의 전국실적 중 경공업 신규수주실적(좌)과 경공업 제품재고실적(우)의 동향이 나와 있다. 또한 〈그림 3-3〉에는 2016년 4월부터 2018년 3월까지의 2개년도의 전국실적 중 경공업 가동률실적(좌)과 경공업 생산설비실적(우)의 동향이 나타나 있다. 각각의 자료 출처는 한국은행의 경제통계검색시스템[간편검색]에 의한 것이다.

〈그림 3-2〉와 〈그림 3-3〉의 전국실적 중 경공업 신규수주실적과 제품재고실적, 가동률실적, 생산설비실적 등을 통하여 경공업에 관련된 기업체들이 직면하고 있으며 향후 전개될 것으로 보이는 정부정책 패러다임의 변화에 대한 전략 마련에 중요한 판단기준과 이를 토대로 하는 전략을 마련할 수 있다. 즉, 경공업의 경우에 있어서는 중국의 빠른 기술발전과 이를 토대로 격화되고 있는 세계시장에서의 경쟁 격화 및 국내 최저임금의 변화와 같은 국내의 정책적인 변화 이슈에 기민하게 대처해 나가야 한다. 그리고 2018년 이후 미국의 추가적인 금리 인상 가능성과 환율변화 등에 따른 금융 및 외환시장(foreign exchange market)의 변동과 세계적으로 나타나는 경기변동 등의 변화 등에 대해서도 면밀한 분석 자료의 기초로 활용될 수 있다. 결론적으로 기업체들의 정보와 시장에서의 경기전망과 관련된 컨센서스 등을 포함한 투자의사결정 및 전략적인 판단 요인으로 중요한 판단기준의 마련으로 활용될 수 있다.

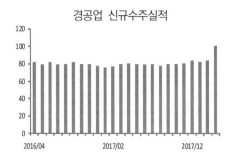

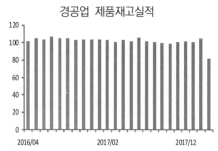

| 그림 3-2 | 2016년 4월부터 2018년 3월까지의 2개년도의 전국실적 중 경공업 신규수주실적 (좌)과 경공업 제품재고실적(우)의 동향

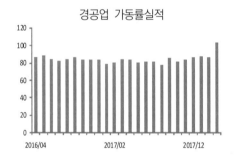

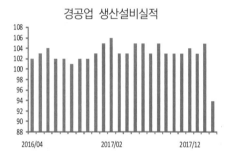

| 그림 3-3 | 2016년 4월부터 2018년 3월까지의 2개년도의 전국실적 중 경공업 가동률실적 (좌)과 경공업 생산설비실적(우)의 동향

신호체계 모형에서 정보 제공자들은 계약하기 전에 신호 전달을 통하여 판매사들의 정보기능이 취약한 상대방의 구매 회사들에게 개인 정보를 전달하려고 시도한다. 이와 같은 행동들을 통하여 신뢰관계를 구축하고 장기적인 고객의 관계로 유지하려고 노력하게 된다.

| 표 3-2 | 신호체계 모형에 있어서 판매자와 구매자 간의 정보

	내 용
신호체계 모형에 있어서 판매자와 구매자 간의 정보	• 신호체계 모형에서 정보 제공자들은 계약하기 전에 신호 전달을 통하여 판매사들의 정보기능이 취약한 상대방의 구매 회사들에게 개인 정보를 전달하려고 시도를 한다. • 이와 같은 행동들을 통하여 신뢰관계를 구축하고 장기적인 고객의 관계로 유지하려고 노력하게 된다.

신호체계 모형에 있어서 판매자 및 구매자 간의 정보

↓

신호체계 모형에서 정보 제공자들은 계약하기 전에
신호 전달을 통하여 판매사의 정보기능이 취약한
상대방의 구매 회사들에게 개인 정보를 전달하려고 시도

↓

신뢰관계를 구축하고 장기적인 고객의 관계로 유지하려고 노력

| 그림 3-4 | 신호체계 모형에 있어서 판매자와 구매자 간의 정보의 연계도

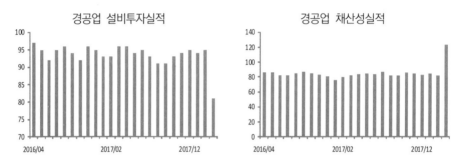

| 그림 3-5 | 2016년 4월부터 2018년 3월까지의 2개년도의 전국실적 중 경공업 설비투자실적
(좌)과 경공업 채산성실적(우)의 동향

〈그림 3-5〉에는 2016년 4월부터 2018년 3월까지의 2개년도의 전국실적 중 경공업 설비투자실적(좌)과 경공업 채산성실적(우)의 동향이 나와 있다. 또한 〈그림 3-6〉에는 2016년 4월부터 2018년 3월까지의 2개년도의 전국실적 중 경공업 원자재구입가격실적(좌)과 경공업 제품판매가격실적(우)의 동향이 나타나 있다. 각각의 자료 출처는 한국은행의 경제통계검색시스템[간편검색]에 의한 것이다.

〈그림 3-5〉와 〈그림 3-6〉의 전국실적 중 경공업 설비투자실적과 채산성실적, 원자재구입가격실적, 제품판매가격실적 등을 통하여 경공업에 관련된 기업체들이 직면하고 있으며 향후 전개될 것으로 보이는 정부정책 패러다임의 변화에 대한 전략 마련에 중요한 판단기준과 이를 토대로 하는 전략을 마련할 수 있다. 2018년 이후 원화의 강세(appreciation)가 보이는 국면이라든지 혹은 유가상승과 같은 경공업 산업의 채산성 등에 향후 영향을 미칠 수 있는 요인들의 경우에는 특히 전략적인

측면에서 중요한 지표(indices)들이 될 수 있다. 또한 2018년 이후 미국의 추가적인 금리 인상 가능성과 이에 따른 금융 및 외환시장의 변동과 세계적으로 나타나는 경기변동 등의 변화 등에 대해서도 면밀한 분석 자료의 기초로 활용될 수 있다. 결론적으로 기업체들의 정보와 시장에서의 경기전망과 관련된 컨센서스 등을 포함한 기업체들의 투자의사결정 및 전략적인 판단 요인에 중요한 판단 기준으로 활용될 수 있다.

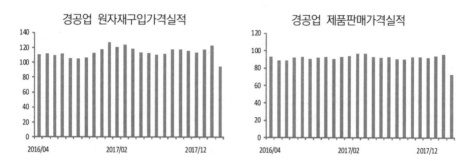

| 그림 3-6 | 2016년 4월부터 2018년 3월까지의 2개년도의 전국실적 중 경공업 원자재구입 가격실적(좌)과 경공업 제품판매가격실적(우)의 동향

선별 모형들을 선택할 경우

↓

판매 회사들은 계약 메뉴를 상대방에게 제공하여
계약이 성사된 이후 계약자들의 정보 임대료를
낮추려는 노력을 기울이게 됨

↓

계약 체결이 완료된 이후에는 메뉴비용(menu cost)이 발생
즉, 구매자들도 다른 판매자들에 대한 판매처를 알아보는데 비용 발생

↓

게임이론으로 볼 때 판매자의 측면에 있어서는 일단 계약체결이 된 이후
전략적으로 내쉬균형 등 다양한 노력 시도 가능

| 그림 3-7 | 선별 모형들을 선택할 경우의 흐름도

유사한 사례로써 선별 모형들을 선택할 경우 판매 회사들은 계약 메뉴를 상대방에게 제공하여 계약이 성사된 이후 계약자들의 정보 임대료를 낮추려는 노력을 기울이게 된다. 이와 같이 일단 계약 체결이 완료된 이후에는 메뉴비용(menu cost)이 발생하여 구매자들도 다른 판매자들에 대한 판매처를 알아보는데 따르는 비용이 발생하므로 게임이론으로 볼 때 판매자의 측면에 있어서는 일단 계약체결이 된 이후에는 전략적으로 내쉬균형 등 다양한 노력을 시도해 볼 수 있다.

| 표 3-3 | 선별 모형들을 선택할 경우

	내 용
선별 모형들을 선택할 경우	• 판매 회사들은 계약 메뉴를 상대방에게 제공하여 계약이 성사된 이후 계약자들의 정보 임대료를 낮추려는 노력을 기울이게 된다. • 이와 같이 일단 계약 체결이 완료된 이후에는 메뉴비용(menu cost)이 발생하여 구매자들도 다른 판매자들에 대한 판매처를 알아보는데 따르는 비용이 발생하므로 게임이론으로 볼 때 판매자의 측면에 있어서는 일단 계약체결이 된 이후에는 전략적으로 내쉬균형 등 다양한 노력을 시도해 볼 수 있다.

〈그림 3-8〉에는 2016년 4월부터 2018년 3월까지의 2개년도의 전국실적 중 경공업 자금사정실적(좌)과 경공업 인력사정실적(우)의 동향이 나와 있다. 또한 〈그림 3-9〉에는 2016년 4월부터 2018년 3월까지의 2개년도의 전국실적 중 수출기업 업황실적(좌)과 수출기업 매출실적(우)의 동향이 나타나 있다. 각각의 자료 출처는 한국은행의 경제통계검색시스템[간편검색]에 의한 것이다.

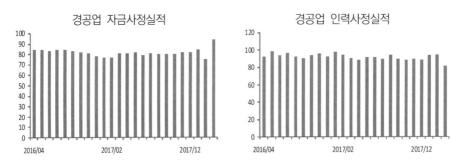

| 그림 3-8 | 2016년 4월부터 2018년 3월까지의 2개년도의 전국실적 중 경공업 자금사정실적(좌)과 경공업 인력사정실적(우)의 동향

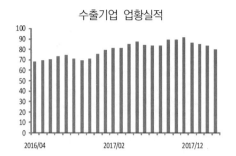
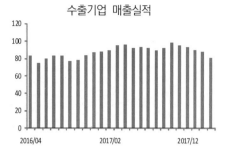

| 그림 3-9 | 2016년 4월부터 2018년 3월까지의 2개년도의 전국실적 중 수출기업 업황실적
(좌)과 수출기업 매출실적(우)의 동향

〈그림 3-8〉과 〈그림 3-9〉의 전국실적 중 경공업 자금사정실적과 인력사정실
적 그리고 수출기업 업황실적, 매출실적 등을 통하여 경공업과 한국의 주력인 수출
기업들의 업황 및 매출실적 등과 관련하여 기업체들의 투자의사결정 및 전략적인
판단 요인에 중요한 판단 기준으로 활용될 수 있다. 특히 경공업의 인력사정과 관
련해서는 최저임금을 비롯한 국내 경제정책변화가 어떻게 실질변수(real variables)에
적용되는지를 판단해 볼 수 있다. 그리고 수출기업과 관련해서는 한국을 둘러싼 지
정학적인 요인들과 2018년 이후 원화의 강세가 보이는 국면이라든지 혹은 유가상
승과 같은 경공업 산업의 채산성 등에 향후 영향을 미칠 수 있는 요인들의 경우에
는 특히 전략적인 측면에서 이들 지표들이 중요하게 활용될 수 있다. 또한 2018년
이후 미국의 추가적인 금리 인상 가능성과 이에 따른 금융 및 외환시장의 변동과
세계적으로 나타나는 경기변동 등의 변화 등에 대해서도 면밀한 분석 자료의 기초
로 활용될 수 있다. 결론적으로 기업체들의 정보와 시장에서의 경기전망과 관련된
컨센서스 등을 포함하여 기업체들의 전략적 판단과 의사결정에 유용한 지표들이
될 수 있다.

신호체계에 따른 판매자와 구매자 간에 있어서 타이밍이 중요한 요소가 된다.
즉, 먼저 판매자가 어떠한 제품을 시장에 내어 놓을지 전략적으로 판단한다. 그리
고 시장에 내어 놓은 후에 구매자는 판매자가 어떤 유형인지 알아 볼 수 있다. 즉,
판매자가 품질이 우수한 제품을 내어 놓고 고가격정책을 구사하는지 품질이 다소
떨어지는 제품을 시장에 내어 놓고 저가격전략을 구사하는지 알 수 있는 것이다.

신호체계에 따른 판매자 및 구매자 간에 있어서 타이밍의 중요성

↓

먼저 판매자가 어떠한 제품을 시장에 내어 놓을지 전략적으로 판단

↓

시장에 내어 놓은 후에 구매자는 판매자가 어떤 유형인지 알아 볼 수 있음

↓

판매자가 품질이 우수한 제품을 내어 놓고 고가격정책을 구사하는지
다소 품질이 부족한 제품을 시장에 내어 놓고
저가격전략을 구사하는지 알 수 있는 것

| 그림 3-10 | 신호체계에 따른 판매자 및 구매자의 타이밍의 중요성에 대한 흐름도

| 표 3-4 | 신호체계에 따른 판매자와 구매자 간에 있어서 타이밍의 중요성

	내 용
신호체계에 따른 판매자와 구매자 간에 있어서 타이밍의 중요성	• 신호체계에 따른 판매자와 구매자 간에 있어서 타이밍이 중요한 요소가 된다. • 먼저 판매자가 어떠한 제품을 시장에 내어 놓을지 전략적으로 판단한다. • 시장에 내어 놓은 후에 구매자는 판매자가 어떤 유형인지 알아 볼 수 있다. • 판매자가 품질이 우수한 제품을 내어 놓고 고가격정책을 구사하는지 다소 품질이 부족한 제품을 시장에 내어 놓고 저가격전략을 구사하는지 알 수 있는 것이다.

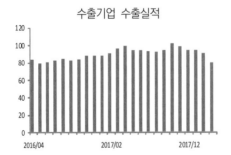
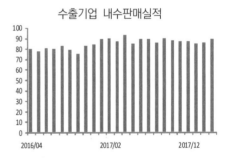

| 그림 3-11 | 2016년 4월부터 2018년 3월까지의 2개년도의 전국실적 중 수출기업 수출실적
(좌)과 수출기업 내수판매실적(우)의 동향

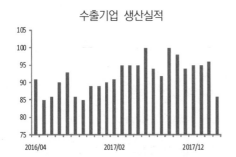

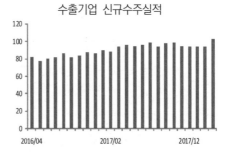

| 그림 3-12 | 2016년 4월부터 2018년 3월까지의 2개년도의 전국실적 중 수출기업 생산실적
(좌)과 수출기업 신규수주실적(우)의 동향

　〈그림 3-11〉에는 2016년 4월부터 2018년 3월까지의 2개년도의 전국실적 중 수출기업 수출실적(좌)과 수출기업 내수판매실적(우)의 동향이 나와 있다. 또한 〈그림 3-12〉에는 2016년 4월부터 2018년 3월까지의 2개년도의 전국실적 중 수출기업 생산실적(좌)과 수출기업 신규수주실적(우)의 동향이 나타나 있다. 각각의 자료 출처는 한국은행의 경제통계검색시스템[간편검색]에 의한 것이다.

　〈그림 3-11〉과 〈그림 3-12〉의 전국실적 중 수출기업 수출실적과 내수판매실적, 생산실적, 신규수주실적 등과 관련하여 기업체들의 투자의사결정 및 전략적인 판단 요인에 중요한 판단 기준으로 활용될 수 있다. 특히 수출기업의 수출에 있어서는 사드배치와 관련된 중요한 이슈 등에 따른 중국과의 무역에 있어서의 전략적인 판단의 게임이 중요한 실정이다. 그리고 전체적인 무역과 자원과 같은 분야에 있어서도 미국과의 관계 등도 고려해야 하는데 이 경우에 있어서 중요한 실무적인 자료가 될 수 있다. 즉, 수출기업과 관련하여 한국을 둘러싼 지정학적인 요인들과 2018년 이후 원화의 강세가 보이는 국면이라든지 혹은 유가상승, 미국의 금리인상과 같은 주요한 이슈들이 국내 수출기업의 데이터에 있어서 어떻게 반영되는지 파악하여 향후 경영계획(management planning)의 수립에 있어서 중요할 것으로 판단된다. 이와 같은 세계적인 금융 및 외환시장의 변동과 세계적으로 나타나는 경기변동 등의 변화 등에 대해서도 면밀한 분석 자료의 기초로 활용될 수도 있다.

신호체계에 따른 의사결정의 실행 과정

↓

신호체계에 따른 판매자와 구매자 간에 있어서 타이밍이 중요한 요소
이와 같은 일련의 과정들이 신호체계와 관련

↓

기업체들이 전략적으로 의사결정을 한 후에는
제품 출시를 위하여 선행하여 인력을 고용하고
이에 따른 임금을 지불하게 되는 과정을 거치게 됨

| 그림 3-13 | 신호체계에 따른 의사결정의 실행 과정의 흐름

| 표 3-5 | 신호체계에 따른 의사결정의 실행 과정

	내 용
신호체계에 따른 의사결정의 실행 과정	• 신호체계에 따른 판매자와 구매자 간에 있어서 타이밍이 중요한 요소가 되며, 이와 같은 일련의 과정들이 신호체계와 관련되어 있는 것이다. • 이와 같이 기업체들이 전략적으로 의사결정을 한 후에는 제품 출시를 위하여 선행하여 인력을 고용하고 이에 따른 임금을 지불하게 되는 과정을 거치게 된다.

즉, 신호체계에 따른 판매자와 구매자 간에 있어서 타이밍이 중요한 요소가 되며, 이와 같은 일련의 과정들이 신호체계와 관련되어 있는 것이다. 이와 같이 기업체들이 전략적으로 의사결정을 한 후에는 제품 출시를 위하여 선행하여 인력을 고용하고 이에 따른 임금을 지불하게 되는 과정을 거치게 된다.

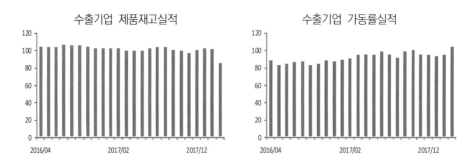

| 그림 3-14 | 2016년 4월부터 2018년 3월까지의 2개년도의 전국실적 중 수출기업 제품재고실적(좌)과 수출기업 가동률실적(우)의 동향

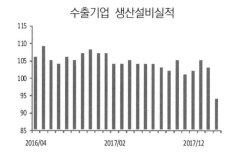

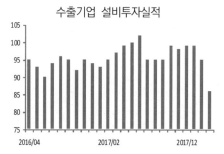

| 그림 3-15 | 2016년 4월부터 2018년 3월까지의 2개년도의 전국실적 중 수출기업 생산설비 실적(좌)과 수출기업 설비투자실적(우)의 동향

〈그림 3-14〉에는 2016년 4월부터 2018년 3월까지의 2개년도의 전국실적 중 수출기업 제품재고실적(좌)과 수출기업 가동률실적(우)의 동향이 나타나 있다. 또한 〈그림 3-15〉에는 2016년 4월부터 2018년 3월까지의 2개년도의 전국실적 중 수출기업 생산설비실적(좌)과 수출기업 설비투자실적(우)의 동향이 나와 있다. 각각의 자료 출처는 한국은행의 경제통계검색시스템[간편검색]에 의한 것이다.

〈그림 3-14〉와 〈그림 3-15〉의 전국실적 중 수출기업 제품재고실적과 가동률실적, 생산설비실적, 설비투자실적 등과 관련하여 수출기업들의 투자의사결정 및 전략적인 판단 요인에 중요한 판단 기준으로 활용될 수 있다. 특히 수출기업의 수출에 있어서는 전 세계적인(global) 금융 및 실물경기변동과 같은 재고(inventory) 실적 등이 매우 중요한 고려요인이 될 수 있다. 또한 이머징마켓과 선진국시장은 수출제고에 따른 주요 전략적인 목표가 다를 수 있으므로 가격차별화 전략(price discrimination strategy) 등이 상이해야 한다. 선진국시장들의 동향에서도 미국과 유럽시장, 일본 등 주요 시장들에 있어서 금융 및 실물시장에 있어서 동조화(synchronization) 현상이 증대되었던 현상도 주요한 변수로 생각해 볼 필요성이 있다. 예를 들어 유가상승의 경우에 있어서도 과거에는 유가상승이 무조건 경기침체와 연결된다고 생각한 전례가 있지만, 최근 들어 한동안 유가상승이 경기활황에 따른 신호(signal)로 판단하여 오히려 투자확대 기회로 수출기업들이 활용해야 하는 전략적인 판단의 전환이 필요하기도 하였다. 이는 기업들의 경우에 있어서 향후 경영계획 수립에 있어서 변화양상의 결과로 나타날 수 있는 것이다. 이와 같이 세계적인 금융 및 외환시장, 실물시장의 변동과 세계적으로 나타나는 경기변동 등의 변화 등에 대해서도 면밀한

분석 자료의 기초로 활용될 수 있다.

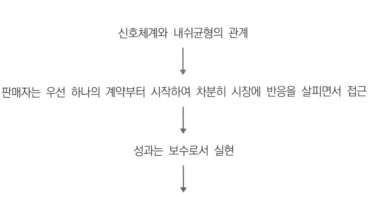

신호체계와 내쉬균형의 관계

↓

판매자는 우선 하나의 계약부터 시작하여 차분히 시장에 반응을 살피면서 접근

↓

성과는 보수로서 실현

↓

게임을 적용시킬 때 결국 내쉬균형이 존재하는지 그렇지 못한지는
판매자와 구매자의 전략적인 판단과 의사결정에 의존하여 진행

| 그림 3-16 | 신호체계와 내쉬균형 게임의 관계

| 표 3-6 | 신호체계와 내쉬균형 게임

	내 용
신호체계와 내쉬균형 게임의 관계	• 판매자는 우선 하나의 계약부터 시작하여 차분히 시장에 반응을 살피면서 접근해 나간다. • 여기에서 성과는 보수로서 실현되는 것이다. • 판매자와 구매자 간의 접근 방식은 게임으로 진행되는 것이다. • 게임을 적용시킬 때 결국 내쉬균형이 존재하는지 그렇지 못한지는 판매자와 구매자의 전략적인 판단과 의사결정에 의존하여 진행된다.

판매자는 우선 하나의 계약부터 시작하여 차분히 시장에 반응을 살피면서 접근해 나간다. 그리고 여기에서 성과는 보수로서 실현되는 것이다. 이와 같이 판매자와 구매자 간의 접근 방식은 게임으로 진행되는 것이다. 게임을 적용시킬 때 결국 내쉬균형이 존재하는지 그렇지 못한지는 판매자와 구매자의 전략적인 판단과 의사결정에 의존하여 진행된다.

〈그림 3-17〉에는 2016년 4월부터 2018년 3월까지의 2개년도의 전국실적 중 수출기업 채산성실적(좌)과 수출기업 원자재구입가격실적(우)의 동향이 나타나 있다. 또한 〈그림 3-18〉에는 2016년 4월부터 2018년 3월까지의 2개년도의 전국실적 중

수출기업 제품판매가격실적(좌)과 수출기업 자금사정실적(우)의 동향이 나와 있다. 각각의 자료 출처는 한국은행의 경제통계검색시스템[간편검색]에 의한 것이다.

〈그림 3-17〉과 〈그림 3-18〉의 전국실적 중 수출기업 채산성실적과 원자재구입가격실적, 제품판매가격실적, 자금사정실적 등과 관련하여 수출기업들의 투자의사결정 및 전략적인 판단 요인에 중요한 판단 기준으로 활용될 수 있다. 특히 수출기업의 수출에 있어서는 환율동향과 대미 또는 대중국 협상력도 매우 중요할 것으로 판단된다. 미국의 경우에 있어서는 세계적으로 중요한 정책에서 중국과의 무역 및 일본, 한국 등에 있어서의 무역규모와 국내정책 특히 재정정책(fiscal policy)을 비롯한 각종 국내 현안에도 관심을 갖고 있다. 이에 따라 다른 신흥시장에 무역과 함께 지정학적으로 중동요인과 함께 여러 가지 요인들이 복합적으로 작용할 가능성이 크다. 이것은 원자재구입가격에도 영향을 미치고 제품판매가격실적에도 중요한 요인들이 될 것이다.

한편 선진국시장(advanced countries market)들의 동향에서도 미국과 유럽시장, 일본 등 주요시장들의 금융 및 실물시장에 있어서 동조화 현상의 증대가 한국의 금융 및 실물시장에 어떠한 영향을 미칠 것인지를 고려하여 반영시켜야 하는 요인이다. 이와 같이 세계적인 금융 및 외환시장, 실물시장에 있어서의 변동과 세계적으로 나타나는 경기변동 및 지정학적인 요인 등의 변화에 대해서도 면밀한 분석 자료의 기초로 활용될 수 있다.

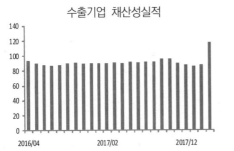

수출기업 채산성실적

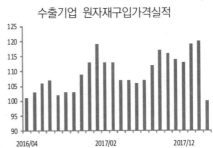

수출기업 원자재구입가격실적

| 그림 3-17 | 2016년 4월부터 2018년 3월까지의 2개년도의 전국실적 중 수출기업 채산성실적(좌)과 수출기업 원자재구입가격실적(우)의 동향

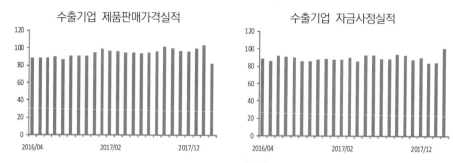

| 그림 3-18 | 2016년 4월부터 2018년 3월까지의 2개년도의 전국실적 중 수출기업 제품판매
가격실적(좌)과 수출기업 자금사정실적(우)의 동향

제2절 신호체계와 구체적인 모형 연구

스펜스(1974)의 주장에 따르면 비대칭한 정보가 있다고 하더라도 실제로 시장 실
패가 흔히 발생하지 않는다고 하였다. 즉, 아커로프(1970)가 주장한대로 시장이 실
패하지 않을 수 있다는 것을 강조한 것이다. 이는 다음과 같은 근로자들의 생산성
과 교육적인 측면을 고려하여 설명이 가능하다.

고전적인 신호체계의 모형을 통하여 경쟁력이 있는 노동시장에 대하여 가정할 수
있다. 경쟁력이 충분히 있는 회사들은 노동시장에서 노동자들에게 원하는 만큼의
기대치에 적합한 임금을 지불할 수 있다. 이는 노동시장에서 생산성이 높은 근로자
들을 고용할 수 있다는 것이고 이와 같이 생산성이 높은 근로자들은 근로계약을 통
하여 시장의 기대와 맞는 만큼의 충분한 임금의 지불을 받을 수 있다는 것이다.

| 표 3-7 | 고전적인 신호체계의 모형과 노동시장

	내 용
고전적인 신호체계의 모형과 노동시장에 대한 가정	• 고전적인 신호체계의 모형을 통하여 경쟁력이 있는 노동시장에 대하여 가정할 수 있다. • 경쟁력이 충분히 있는 회사들은 노동시장에서 노동자들에게 원하는 만큼의 기대치에 적합한 임금을 지불할 수 있다.

내 용
• 이는 노동시장에서 생산성이 높은 근로자들을 고용할 수 있다는 것이고 이와 같이 생산성이 높은 근로자들은 근로계약을 통하여 시장의 기대와 맞는 만큼 충분한 임금의 지불을 받을 수 있다는 것이다.

고전적인 신호체계의 모형을 통하여 경쟁력이 있는 노동시장에 대한 가정

↓

경쟁력이 충분히 있는 회사들은 노동시장에서
노동자들에게 원하는 만큼의 기대치에 적합한 임금을 지불

↓

노동시장에서 생산성이 높은 근로자들을 고용

↓

생산성이 높은 근로자들은 근로계약을 통하여
시장의 기대와 맞는 만큼의 충분한 임금의 지불을 받을 수 있다는 것

| 그림 3-19 | 고전적인 신호체계의 모형과 노동시장에 대한 가정

〈그림 3-20〉에는 2016년 4월부터 2018년 3월까지의 2개년도의 전국실적 중 수출기업 인력사정실적(좌)과 내수기업 업황실적(우)의 동향이 나타나 있다. 그리고 〈그림 3-21〉에는 2016년 4월부터 2018년 3월까지의 2개년도의 전국실적 중 내수기업 매출실적(좌)과 내수기업 수출실적(우)의 동향이 나와 있다. 각각의 자료 출처는 한국은행의 경제통계검색시스템[간편검색]에 의한 것이다.

〈그림 3-20〉과 〈그림 3-21〉의 전국실적 중 수출기업 인력사정실적과 내수기업 업황실적 및 내수기업 매출실적, 내수기업 수출실적 등과 관련하여 수출 및 내수기업들의 투자의사결정 및 전략적인 판단 요인에 중요한 판단 기준으로 활용될 수 있다. 특히 수출기업의 인력사정실적과 대내외 경기 동향 및 전망, 최저임금과 같이 주요 이슈 등이 중요한 요인으로 판단된다. 이들의 요인들은 수출기업뿐만 아니라 내수기업에도 공통적으로 적용될 수 있다. 특히 수출보다 내수의 경우에 있어서는 규모에 따른 경제적 효과(scale of economy)가 적을 수 있다. 이는 한국의 경우 대부분 대기업들은 내수의 부족에 따라 해외시장(overseas maeket)의 확장을 그동안 줄곧 해온

바 있다. 그리고 대부분 이들 기업들의 제품은 경기에 민감한 품목들로 이루어져 있다.

한편 수출에 있어서는 환율동향과 대미 또는 대중국 협상력도 매우 중요하다. 이는 미국을 중심으로 동조화 현상이 많이 나타나고 있는 점도 유념해야 한다. 이와 같은 동조화는 금융시장 이외에도 실물시장에서도 나타나기도 한다.

미국의 경우에 있어서는 세계적으로 중요한 정책에서 중국과의 무역 및 일본, 한국 등에 있어서의 무역규모와 국내정책 특히 재정정책을 비롯한 각종 국내 현안에도 관심을 갖고 있다. 한편 다른 신흥시장에 있어서 무역 이외에 경제 외적인 요인과 함께 여러 가지 요인들이 복합적으로 작용할 가능성이 크다. 미국을 중심으로 한 TPP가입에 대한 정책변화 가능성도 하나의 예이기도 하다. 내수기업의 경우에 있어서도 세계적인 경기 동향과 국내적인 주요정책의 변화가 모두 반영될 수 있기 때문에 기업들의 전략적인 의사결정의 판단에 이들 지표들이 중요한 역할을 하고 있다.

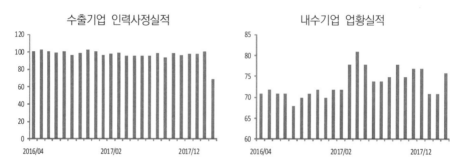

| 그림 3-20 | 2016년 4월부터 2018년 3월까지의 2개년도의 전국실적 중 수출기업 인력사정
실적(좌)과 내수기업 업황실적(우)의 동향

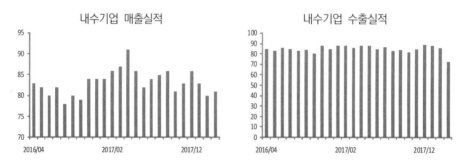

| 그림 3-21 | 2016년 4월부터 2018년 3월까지의 2개년도의 전국실적 중 내수기업 매출실적
(좌)과 내수기업 수출실적(우)의 동향

교육이 관찰될 수 있는 신호체계로 사용된다고 가정

↓

생산성 측면에서 낮게 형성되는 근로자계층이
생산성에서 높게 형성되는 근로자들보다 교육을 받는다는 측면에서
보다 많은 비용 지출

↓

생산성에서 높게 형성되는 근로자들의 경우
교육적인 측면에서 더욱 많이 투자하고 이를 습득하게 됨

↓

높은 수준의 임금으로 연결

| 그림 3-22 | 교육이 관찰될 수 있는 신호체계로 사용되고 있는 가정과 관계도

| 표 3-8 | 교육이 관찰될 수 있는 신호체계로 사용되는 가정

	내 용
교육이 관찰될 수 있는 신호체계로 사용된다고 가정	• 생산성 측면에서 낮게 형성되는 근로자계층이 생산성에서 높게 형성되는 근로자들보다 교육을 받는다는 측면에서 보다 많은 비용지출이 이루어진다. • 이에 따라 생산성에서 높게 형성되는 근로자들의 경우 교육적인 측면에서 더욱 많이 투자하고 이를 습득하게 된다. • 이는 높은 수준의 임금으로 연결되어진다. • 이와 같은 신호체계에 있어서 교육을 통한 유용성에 대한 전제적인 조건의 경우 한계의 비용이 생산성과 관련된 근로자의 능력과도 연계되어 있다.

　　교육이 관찰될 수 있는 신호체계로 사용된다고 가정한다. 이 경우에 있어서 생산성 측면에서 낮게 형성되는 근로자계층이 생산성에서 높게 형성되는 근로자들보다 교육을 받는다는 측면에서 보다 많은 비용지출이 이루어진다. 이에 따라 생산성에서 높게 형성되는 근로자들의 경우 교육적인 측면에서 더욱 많이 투자하고 이를 습득하게 된다. 이는 높은 수준의 임금으로 연결되어진다. 이와 같은 신호체계에 있어서 교육을 통한 유용성에 대한 전제적인 조건의 경우 한계의 비용이 생산성과 관련된 근로자의 능력과도 연계되어 있다.

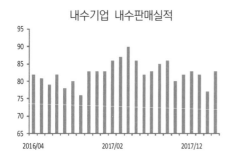
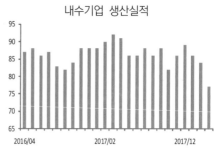

| 그림 3-23 | 2016년 4월부터 2018년 3월까지의 2개년도의 전국실적 중 내수기업 내수판매
실적(좌)과 내수기업 생산실적(우)의 동향

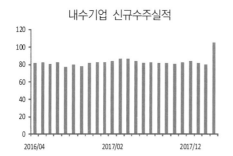
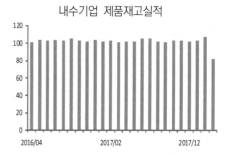

| 그림 3-24 | 2016년 4월부터 2018년 3월까지의 2개년도의 전국실적 중 내수기업 신규수주
실적(좌)과 내수기업 제품재고실적(우)의 동향

〈그림 3-23〉에는 2016년 4월부터 2018년 3월까지의 2개년도의 전국실적 중 내
수기업 내수판매실적(좌)과 내수기업 생산실적(우)의 동향이 나타나 있다. 그리고
〈그림 3-24〉에는 2016년 4월부터 2018년 3월까지의 2개년도의 전국실적 중 내수
기업 신규수주실적(좌)과 내수기업 제품재고실적(우)의 동향이 나와 있다. 각각의
자료 출처는 한국은행의 경제통계검색시스템[간편검색]에 의한 것이다.

〈그림 3-23〉과 〈그림 3-24〉의 전국실적 중 내수기업 내수판매실적과 생산실
적, 신규수주실적, 제품재고실적 등과 관련하여 내수기업들의 투자의사결정 및 전
략적인 판단 요인에 중요한 판단 기준으로 활용될 수 있다. 특히 내수기업의 생산
실적 감소의 경우에 있어서는 국내 경기변동의 상황 판단이 중요할 것으로 판단된
다. 이는 제품재고실적도 줄어들어 정보들이 혼재해 있기 때문이다. 따라서 기업들
의 경영전략을 수립 시에는 경기선행지표(business leading index)와 경기동행지표, 경

기후행지표 등에 따라 달라질 수 있으므로 통계상의 면밀한 분석도 필요하다. 기업들의 경우 내수에 만족을 하는 것이 아니라 제품에 있어서 경쟁력이 생기면 해외시장으로 판로를 개척해 나가기 때문에 해외시장의 분석도 필요하다.

한편 해외요인들에 있어서는 미국의 금리인상과 환율동향, 대미 또는 대중국 무역협상의 진행관계 등도 매우 중요하다. 그리고 4차 산업혁명으로 인하여 진행되고 있는 자율주행차와 지능형로봇산업의 동향, 드론, 유헬스를 비롯한 ICO, 암호 및 가상화폐시장 등 다양한 품목(item)들이 국내 뿐 아니라 세계적으로도 기회이자, 뒤처지면 위기의 국면일 수도 있기 때문에 면밀한 분석을 해 나갈 필요성이 있다. 따라서 내수기업의 경우에 있어서도 세계적인 경기 동향과 국내적인 주요 정책의 변화가 모두 반영될 수 있기 때문에 기업들의 전략적인 의사결정의 판단에 있어서도 각종 지표들에 대하여 면밀한 분석과 예측(forecasting)이 중요할 것으로 판단된다.

CHAPTER 04 정보의 습득과 정보 검색비용

제1절 정보의 습득과 비용

정보의 습득과 비용

↓

경제학을 통하여 경제주체들에게
전반적으로 주어지게 되는 정보와 관련된 가정은
첫째, 상황이 주어진다는 것이며, 둘째, 완전하다는 것임

↓

정보와 관련하여 고민을 해야 하는 부분이
기업의 생산과 관련되어 있는 비용과 소비자의 최저가격 추구 등의 현상임

↓

정보의 습득과 관련하여 개인들은 비용에 민감해질 수밖에 없는데
비용이 상승할수록 정보에 대한 추구의욕은 줄어들게 됨

| 그림 4-1 | 정보의 습득과정과 비용의 흐름도

| 표 4-1 | 정보의 습득과 비용

	내 용
정보의 습득과 비용	• 경제학을 통하여 경제주체들에게 전반적으로 주어지게 되는 정보와 관련 된 가정은 첫째, 상황이 주어진다는 것이며, 둘째, 완전하다는 것이다. • 즉, 하나의 경제주체가 정보를 좌지우지 할 수 없으며 독점적으로(monopolistic) 행사할 수 없다는 것이다. • 정보와 관련하여 고민을 해야 하는 부분이 기업의 생산과 관련되어 있는 비용과 소비자의 최저가격 추구 등의 현상이다. • 한편 정보와 관련하여서는 제약조건들이 생길 수밖에 없는 영역이다. • 정보의 습득과 관련하여 개인들은 비용에 민감해질 수밖에 없는데 비용이 상승할수록 정보에 대한 추구의욕은 줄어들게 된다.

경제학을 통하여 경제주체들에게 전반적으로 주어지게 되는 정보와 관련된 가정은 첫째, 상황이 주어진다는 것이며, 둘째, 완전하다는 것이다. 즉, 하나의 경제주체가 정보를 좌지우지 할 수 없으며 독점적으로(monopolistic) 행사할 수 없다는 것이다. 정보와 관련하여 고민을 해야 하는 부분이 기업의 생산과 관련되어 있는 비용과 소비자의 최저가격 추구 등의 현상이다. 한편 정보와 관련하여서는 제약조건들이 생길 수밖에 없는 영역이다. 정보의 습득과 관련하여 개인들은 비용에 민감해질 수밖에 없는데 비용이 상승할수록 정보에 대한 추구의욕은 줄어들게 된다.

〈그림 4-2〉에는 2016년 4월부터 2018년 3월까지의 2개년도의 전국실적 중 내수기업 가동률실적(좌)과 내수기업 생산설비실적(우)의 동향이 나타나 있다. 그리고 〈그림 4-3〉에는 2016년 4월부터 2018년 3월까지의 2개년도의 전국실적 중 내수

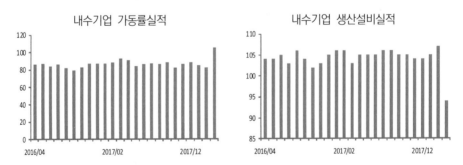

| 그림 4-2 | 2016년 4월부터 2018년 3월까지의 2개년도의 전국실적 중 내수기업 가동률실적(좌)과 내수기업 생산설비실적(우)의 동향

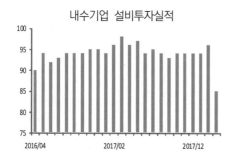
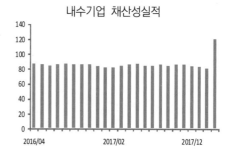

| 그림 4-3 | 2016년 4월부터 2018년 3월까지의 2개년도의 전국실적 중 내수기업 설비투자 실적(좌)과 내수기업 채산성실적(우)의 동향

기업 설비투자실적(좌)과 내수기업 채산성실적(우)의 동향이 나와 있다. 각각의 자료 출처는 한국은행의 경제통계검색시스템[간편검색]에 의한 것이다.

〈그림 4-2〉와 〈그림 4-3〉의 전국실적 중 내수기업 가동률실적과 생산설비실적, 설비투자실적, 채산성실적 등과 관련하여 내수기업들의 투자의사결정 및 전략적인 판단 요인에 중요한 판단 기준으로 활용될 수 있다. 특히 내수기업의 생산설비실적과 설비투자실적의 감소의 경우에 있어서는 현 정부의 국내경제정책과 향후 진행될 정책적인 변화 모두를 주시할 필요가 있다. 지정학적으로도 급변할 가능성이 크고, 한반도를 중심으로 여전히 중국과 일본, 러시아 등 강대국의 사이에 놓여 있는 상태에 대하여 이들 국가들과의 환율을 비롯한 외교통상적인 부분도 영향을 미칠 수 있다.

또한 해외요인들에 있어서도 미국의 금리인상과 환율동향, 대미 또는 대중국 무역협상의 진행관계, 유가상승과 같은 이슈를 포함하여 살펴보는 것도 매우 중요하다. 그리고 새로운 투자기회가 될 수 있는 4차 산업혁명과 관련해서도 진행상황을 잘 살펴볼 필요가 있다. 해외적인 요인이 국내경제에 영향을 막대하게 주는 것은 2008년 미국의 금융위기(financial crisis) 때 각 지역별 GRDP를 포함한 경기관련 지표들을 살펴보아도 바로 알 수 있다. 이에 따라 기업들의 전략적인 의사결정의 판단에 있어서 각종 지표들에 대하여 면밀한 분석과 예측 및 대응방안의 모색 등이 향후 더욱 중요해질 것으로 판단된다.

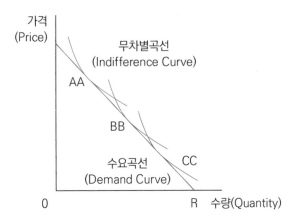

| 그림 4-4 | 무차별곡선과 수요곡선의 관계

일반적으로 〈그림 4-4〉와 같이 보통재 또는 정상재(normal goods)의 경우 가격이 오르면 수요량이 줄어들어 수요곡선은 반비례하는 곡선의 형태를 지니게 된다. 즉, 소비자가 CC점에서 구입하던 것을 BB로 구입 시에 가격이 상승하고 수요량도 줄어들게 된다. 그리고 가격이 BB에서 AA로 더욱 상승하게 되면 수요량은 더욱 줄어들게 된다.

여기에 정보를 대입할 경우에도 마찬가지이다. 즉, 정보의 습득과 관련하여 개인들은 비용에 민감해질 수밖에 없는데 정보습득에 대한 비용이 상승하면 할수록 정보에 대한 추구의욕은 줄어들게 된다.

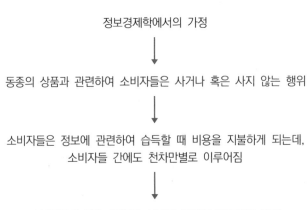

| 그림 4-5 | 정보경제학에서의 가정과 관련된 체계도

| 표 4-2 | 정보경제학에서의 가정

	내 용
정보경제학에서의 가정	• 첫째, 동종의 상품과 관련하여 소비자들은 사거나 혹은 사지 않는 행위를 하게 된다. • 둘째, 소비자들은 정보에 관련하여 습득할 때 비용을 지불하게 되는데, 소비자들 간에도 천차만별로 이루어진다. • 이와 관련된 소비자들의 지출 비용은 시간과 특별히 관련되어 진행이 된다.

정보경제학에서의 가정은 다음과 같다. 첫째, 동종의 상품과 관련하여 소비자들은 사거나 혹은 사지 않는 행위를 하게 된다. 둘째, 소비자들은 정보에 관련하여 습득할 때 비용을 지불하게 되는데, 소비자들 간에도 천차만별로 이루어진다. 이와 관련된 소비자들의 지출 비용은 시간과 특별히 관련되어 진행이 된다.

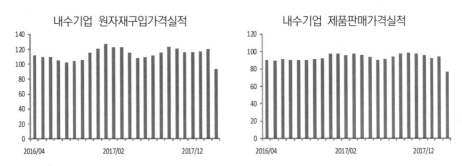

| 그림 4-6 | 2016년 4월부터 2018년 3월까지의 2개년도의 전국실적 중 내수기업 원자재구입 가격실적(좌)과 내수기업 제품판매가격실적(우)의 동향

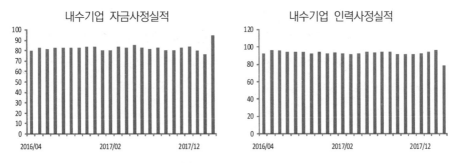

| 그림 4-7 | 2016년 4월부터 2018년 3월까지의 2개년도의 전국실적 중 내수기업 자금사정 실적(좌)과 내수기업 인력사정실적(우)의 동향

〈그림 4-6〉에는 2016년 4월부터 2018년 3월까지의 2개년도의 전국실적 중 내수기업 원자재구입가격실적(좌)과 내수기업 제품판매가격실적(우)의 동향이 나타나 있다. 그리고 〈그림 4-7〉에는 2016년 4월부터 2018년 3월까지의 2개년도의 전국실적 중 내수기업 자금사정실적(좌)과 내수기업 인력사정실적(우)의 동향이 나와 있다. 각각의 자료 출처는 한국은행의 경제통계검색시스템[간편검색]에 의한 것이다.

〈그림 4-6〉과 〈그림 4-7〉의 전국실적 중 내수기업 원자재구입가격실적과 제품판매가격실적, 자금사정실적, 인력사정실적 등과 관련하여 내수기업들의 투자의사결정 및 전략적인 판단 요인에 중요한 판단 기준으로 활용될 수 있다. 특히 내수기업의 자금사정실적의 경우에 있어서 형편이 좋아지는 것은 다행스러운 경우에 해당한다. 하지만 이와 같은 상황이 지속될 수 있는지에 대한 판단이 무엇보다 중요하다. 그리고 국내투자가 줄어들어 금융권에 여유자금이 넘쳐나서 자금사정실적이 개선된 것이라면 바람직한 현상이 아닐 수도 있다. 따라서 현재의 경기국면이 어떤 상황인지에 대한 판단도 중요할 것으로 예상된다.

한편 지정학적인 변화요인들 이외에 국내 경기에도 영향을 줄 수 있는 해외요인들에 있어서도 잘 대응해 나가야 한다. 즉, 미국의 금리인상과 환율동향, 대미 또는 대중국 무역협상의 진행과정 및 향후 국내 경제에 미치는 파급효과(transmission mechanism), 유가상승과 같은 이슈를 포함하여 살펴보는 것도 중요한 상황이다. 또한 새로운 투자기회가 될 수 있는 4차 산업혁명과 관련하여서도 진행상황을 잘 살펴볼 필요가 있다.

그리고 새로운 금융위기가 발생할 수 있는 국가들은 없는지와 이들 국가의 영향이 IMF 사태와 같이 국내경제에 큰 충격을 줄 수도 있을지와 같은 상황판단 및 전략적인 기업들의 대응은 내수기업이라 하더라도 원자재와 석유 등 각종 재화에 대하여 수입에 의존하고 있는 개방경제 체제에서 더욱 중요해질 수 있다. 따라서 기업들의 전략적인 의사결정의 판단에 있어서 해외 및 국내의 각종 지표들에 대하여 면밀한 분석과 예측 및 대응방안의 모색과 같은 게임전략 등이 향후 더욱 중요해질 것으로 보인다.

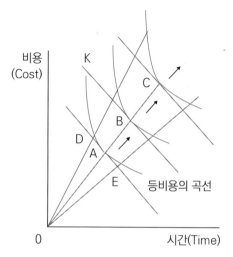

| 그림 4-8 | 시간과 비용의 관계

　　소비자들의 지출 비용은 〈그림 4-8〉과 같이 시간과 특별히 관련되어 진행되어 이루어진다. 즉, 정보습득에 시간이 많이 들수록 비용이 상승하게 된다. 즉, A점에서 B점으로의 이동하는 것과 같이 정보습득에 시간이 더 많이 필요할 경우 비용이 증가하게 된다.

　　그리고 마찬가지로 B점에서 C점으로 정보습득 시간이 증가하게 된다면, 이 경우에 있어서도 비용이 더욱 증가하게 된다. 이와 같은 점들은 〈그림 4-8〉에는 나와 있지 않지만 무수히 많은 점들로 이어질 수 있다. 따라서 정보습득에 있어서 시간요인은 매우 중요하다고 판단할 수 있다.

가격(수익률)과 정보 검색비용

정보 검색에 참여 동기원인

↓

각각의 구매자들은 가격수준이 흔히 바뀌는 것을 알기 때문에
각각의 상품들이 제공되는 모든 가격수준을 알 수 없는 것이 현실

↓

각각의 구매자들은 자신들이 상품을 구입할 수 있는
최소 가격수준이 얼마인지를 전혀 알지 못하는 상태에 놓이게 됨

↓

구매자들은 할 수 없이 최소 가격수준이 얼마인지를 알기 위하여
정보 검색에 참여

| 그림 4-9 | 정보 검색에 참여 동기원인에 의한 흐름도

| 표 4-3 | 정보 검색에 참여 동기원인

	내 용
정보 검색에 참여 동기원인	• 시장을 통하여 각각의 상품 판매자들은 각각의 상품들에 대하여 자체의 가격수준을 가지게 된다. • 하지만 각각의 구매자들은 가격수준이 흔히 바뀌는 것을 알기 때문에 각각의 상품들이 제공되는 모든 가격수준을 알 수 없는 것이 현실이다. • 이에 따라 각각의 구매자들은 자신들이 상품을 구입할 수 있는 최소 가격수준이 얼마인지를 전혀 알지 못하는 상태에 놓이게 된다. • 이에 따른 결과로 구매자들은 할 수 없이 최소 가격수준이 얼마인지를 알기 위하여 정보 검색에 참여하게 된다.

　시장을 통하여 각각의 상품 판매자들은 각각의 상품들에 대하여 자체의 가격수준을 가지게 된다. 하지만 각각의 구매자들은 가격수준이 흔히 바뀌는 것을 알기 때문에 각각의 상품들이 제공되는 모든 가격수준을 알 수 없는 것이 현실이다. 이에 따라 각각의 구매자들은 자신들이 상품을 구입할 수 있는 최소 가격수준이 얼

마인지를 전혀 알지 못하는 상태에 놓이게 된다. 이에 따른 결과로 구매자들은 할 수 없이 최소 가격수준이 얼마인지를 알기 위하여 정보 검색에 참여하게 된다.

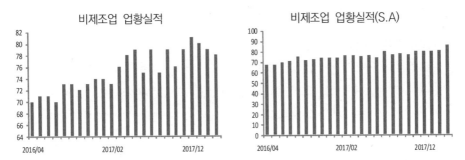

| 그림 4-10 | 2016년 4월부터 2018년 3월까지의 2개년도의 전국실적 중 비제조업 업황실적 (좌)과 비제조업 업황실적(S.A)(우)의 동향

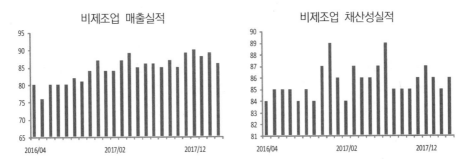

| 그림 4-11 | 2016년 4월부터 2018년 3월까지의 2개년도의 전국실적 중 비제조업 매출실적 (좌)과 비제조업 채산성실적(우)의 동향

〈그림 4-10〉에는 2016년 4월부터 2018년 3월까지의 2개년도의 전국실적 중 비제조업 업황실적(좌)과 비제조업 업황실적(S.A)(우)의 동향이 나와 있다. 또한 〈그림 4-11〉에는 2016년 4월부터 2018년 3월까지의 2개년도의 전국실적 중 비제조업 매출실적(좌)과 비제조업 채산성실적(우)의 동향이 나타나 있다. 각각의 자료 출처는 한국은행의 경제통계검색시스템[간편검색]에 의한 것이다.

〈그림 4-10〉과 〈그림 4-11〉의 전국실적 중 비제조업 업황실적과 업황실적(S.A), 매출실적, 채산성실적 등과 관련하여 비제조업 기업들의 투자의사결정 및 전략적인 판단 요인에 중요한 판단 기준으로 활용될 수 있다. 특히 〈그림 4-11〉을 살펴

보면, 비제조업 매출실적이 2018년 들어 다소 둔화되는 양상을 나타내고 있다. 선진국 위주의 세계적인 경기호황 측면에 동반 편승하여 국내 경기가 상승의 흐름을 나타낼 경우에는 매출실적이 다시 좋아질 수 있을 것으로 판단된다. 하지만 제약요건으로 일부 신흥시장에서의 금융위기 가능성도 존재하고 있어서 예의 주시할 필요성은 있는 상황이다.

비제조업과 관련하여 4차 산업의 부가가치(value added)의 중요성에 대하여는 10년 정도 전부터 지속적으로 강조되어 왔다. 이즈음부터는 해외로부터 금융을 비롯한 각종 서비스 시장의 개방에 대한 문의도 있어온 것도 사실이다. 현재의 4차 산업혁명과도 연결될 수 있는 분야이고 핀테크와 같이 첨단 금융기법 등이 향후 세계적으로 주도적인 산업으로 자리매김해 나가고 있는 것도 전략적으로 이들 분야에 대한 투자 시에 기업들의 의사결정과 판단이 더 중요해지는 시기로 다가오고 있다.

또한 지정학적인 변화요인들 이외에 국내 경기에도 영향을 줄 수 있는 해외에서의 영향들과 관련하여 잘 대응해 나가야 할 것이다. 즉, 해외 유가동향을 비롯하여 미국의 금리인상과 환율 및 미국과 중국 간의 무역협상 진행과정, 이들 변수들이 향후 국내 경제에 미치는 파급효과와 같은 이슈 등을 포함하여 살펴보는 것도 중요한 과제이다.

이와 같이 기업들의 전략적인 의사결정의 판단에 있어서 해외 및 국내의 각종 지표들에 대하여 면밀한 분석과 예측 및 대응방안의 모색과 같은 게임전략 등이 향후 더욱 중요해질 것이며 이는 향후 경영계획수립의 반영으로 이어져야 한다.

정보 검색과 불평등성의 가격수준

↓

정보 검색은 최저 가격수준을 결정하기 위하여
다수의 판매자들(혹은 구매자들)을 조사하는 과정으로 가정

↓

품질이 동일한 상품들의 경우에 관심을 가지지만,
불평등성의 가격수준에 의한 가격의 분산효과가
시장에서 존재할 수밖에 없는 것이 현재의 시장경제체제임

| 그림 4-12 | 정보 검색과 불평등성의 가격수준에 의한 가격의 분산효과

| 표 4-4 | 정보 검색과 불평등성의 가격수준

	내 용
정보 검색과 불평등성의 가격수준	• 정보 검색은 최저 가격수준을 결정하기 위하여 다수의 판매자들(혹은 구매자들)을 조사하는 과정으로 가정된다. • 이에 따라 품질이 동일한 상품들의 경우에 관심을 가지지만, 불평등성의 가격수준에 의한 가격의 분산효과가 시장에서 존재할 수밖에 없는 것이 현재의 시장경제체제이다.

정보 검색은 최저 가격수준을 결정하기 위하여 다수의 판매자들(혹은 구매자들)을 조사하는 과정으로 가정된다. 이에 따라 품질이 동일한 상품들의 경우에 관심을 가지지만, 불평등성의 가격수준에 의한 가격의 분산효과가 시장에서 존재할 수밖에 없는 것이 현재의 시장경제체제이다.

즉, 동일한 품질의 상품들이라고 하더라도 정보의 차이가 존재하여 마치 금융에서 재정거래(arbitrage)가 발생하는 것과 같은 효과가 발생하게 되는 것이다. 이에 따라 가격수준이 어느 지역이나 어느 계층에게는 보다 더 비싼 가격에 거래될 수 있고, 어느 지역과 어느 계층에게는 보다 싼 가격으로 거래가 이루어질 수 있어서 가격의 분산효과가 시장경제체제에 있어 하나의 현상으로 파악된다.

〈그림 4-13〉에는 2016년 4월부터 2018년 3월까지의 2개년도의 전국실적 중 비제조업 자금사정실적(좌)과 비제조업 인력사정실적(우)의 동향이 나타나 있다. 또한 〈그림 4-14〉에는 2016년 4월부터 2018년 3월까지의 2개년도의 전국실적 중 서비

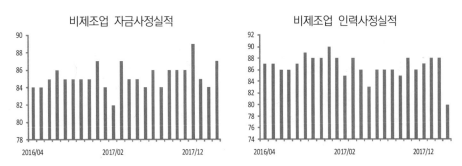

| 그림 4-13 | 2016년 4월부터 2018년 3월까지의 2개년도의 전국실적 중 비제조업 자금사정실적(좌)과 비제조업 인력사정실적(우)의 동향

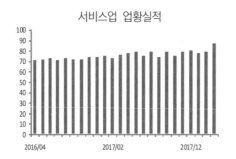
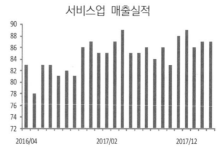

| 그림 4-14 | 2016년 4월부터 2018년 3월까지의 2개년도의 전국실적 중 서비스업 업황실적(좌)과 서비스업 매출실적(우)의 동향

스업 업황실적(좌)과 서비스업 매출실적(우)의 동향이 나와 있다. 각각의 자료 출처는 한국은행의 경제통계검색시스템[간편검색]에 의한 것이다.

〈그림 4-13〉과 〈그림 4-14〉의 전국실적 중 비제조업 자금사정실적과 인력사정실적, 서비스업의 업황실적과 매출실적 등과 관련하여 비제조업 및 서비스업의 기업들의 투자의사결정 및 전략적인 판단 요인에 중요한 판단 기준으로 활용될 수 있다. 이들 자료들을 살펴보면, 〈그림 4-13〉과 〈그림 4-14〉에서 비제조업 자금사정실적과 서비스업의 업황실적 등이 개선되고 있음을 알 수 있다. 이러한 흐름이 선진국 위주의 경기상승효과 때문인지 아니면 다른 국내적인 요인들이 있는지도 살펴보아야 한다. 특히 만일 국내기업들의 불황에 따른 흑자국면이 향후 발생되지 않도록 주의할 필요가 있다. 즉, 수입이 줄어들면서 생기는 흑자는 향후 기업 인력시장의 채용시장이나 자금사정에 바람직하지 않기 때문이다.

한편 비제조업 및 서비스업과 관련하여 4차 산업의 부가가치의 중요성에 대하여는 10년 정도 전부터 정부에서 지속적으로 강조하여 온 것이 사실이다. 이 때부터 해외로부터 금융을 비롯한 각종 서비스시장의 개방에 대한 문의도 지속되어 왔다. 그리고 개방과 관련된 절차도 있어 왔고, 한국과 다른 국가들 간의 FTA(free trade agreement) 등의 협상에서도 논의가 충분히 이루어져 왔다.

현재 핀테크의 가상 및 암호화폐, ICO와 관련된 4차 산업혁명이 빠르게 전개되면서 기존의 세계적인 기업들의 판도에도 변화가 발생하고 있다. 이와 연관된 산업의 동향 변화에도 기업들은 민첩하게 대응해 나가야 한다.

또한 지정학적으로도 중동 및 동북아시아의 경제 및 정치, 사회변화 등이 국내 경기변동에도 직결되므로 전략적으로 잘 판단해 나가야 한다. 즉, 미국의 금리인상을 비롯하여 해외 유가동향, 환율 및 미국과 중국 간의 무역협상 진행과정, 이들 변수들이 향후 국내 경제에 미치는 파급효과와 같은 이슈 등을 포함하여 살펴보는 것이 중요하다는 것이다.

따라서 이와 같이 기업들의 전략적인 의사결정의 판단에 있어서 해외 및 국내의 각종 지표들에 대하여 면밀한 분석과 예측 및 대응방안의 모색과 같은 게임전략 등이 향후 더욱 중요해질 것으로 판단된다.

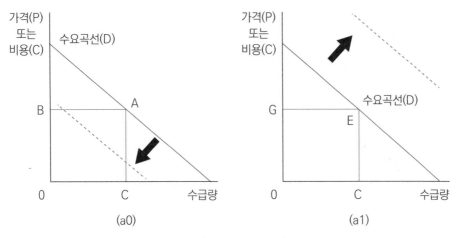

| 그림 4-15 | 불평등성의 가격수준에 의한 가격의 분산에 대한 영향

품질이 동일한 상품들의 경우에 관심을 가지지만, 불평등성의 가격수준에 의한 가격의 분산효과가 시장에서 존재하는 것이 현실이다. 이와 관련하여 〈그림 4-15〉를 통하여 살펴보고자 한다. (a0)의 그림과 (a1)의 그림에서 0C까지의 거리가 동일할 때, 구매자들이 지불하려는 가격은 (a0)에서 0B까지인 데 반하여 (a1)에서는 0G까지이다. 즉, 그림 (a0)와 (a1)을 비교해 볼 때, (a0)의 시장에서의 구매자는 보다 적은 비용으로 지불하려고 하고 있으며, (a1)의 시장에서의 구매자는 보다 높은 비용에서도 동일한 수량도 구입하려고 하거나 정보 검색비용이 비싸기 때문에 어쩔 수 없이 높은 비용을 지불하게 될 수도 있는 것이다.

이와 같은 설명은 재정학(public finance) 영역에서도 흔히 발생하여 설명하고 있는 체계와 유사하다. 즉, 재정학의 영역에서 공공재(public goods) 시장에서의 가격형성이 민간재(private goods)의 시장과 달리 각 개별 수요곡선에 대한 시장수요곡선(market demand curve)이 수평의 합으로 구해지는 방식의 설명과 유사한 것이다. 이는 민간재의 경우 완전경쟁시장(perfect competition market)으로 시장에서 주어진 가격으로 구매자가 구입(price taker)하게 되어 동일한 품질과 수량에 있어서 동일한 가격또는 비용을 지불하게 되는 것이다. 하지만 공공재의 시장은 전혀 다르다. 예를 들어, 도로건설의 경우에 있어서도 자주 이용하는 사람들은 더 높은 비용(즉, 세금)을지불하고서도 이용하려고 하지만, 그렇지 못한 사람들은 더 낮은 비용을 지불하려고 하기 때문에 시장에서 주어진 가격으로 거래되는 시장과 구별될 수밖에 없는것이다. 이에 따라 구매자들이 처해 있는 지역 또는 계층, 이용정도 등에 따라 각기 가격 또는 비용이 달라질 수밖에 없고, 이는 정보 검색비용에서도 동일하게 설명이 가능한 것이다.

〈그림 4-16〉에는 2016년 4월부터 2018년 3월까지의 2개년도의 전국실적 중 서비스업 채산성실적(좌)과 서비스업 자금사정실적(우)의 동향이 나타나 있다. 그리고〈그림 4-17〉2016년 4월부터 2018년 2월까지의 2개년도의 전국실적 중 서비스업인력사정실적(좌)과 2016년 4월부터 2018년 3월까지의 한국 실업률(계절변동조정)(단위: %)(우)의 동향이 나와 있다. 각각의 자료 출처는 한국은행의 경제통계검색시스템[간편검색]에 의하여 나타낸 것이다.

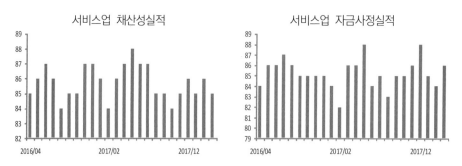

| 그림 4-16 | 2016년 4월부터 2018년 3월까지의 2개년도의 전국실적 중 서비스업 채산성
실적(좌)과 서비스업 자금사정실적(우)의 동향

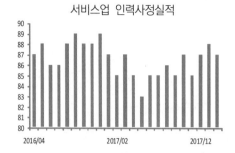

| 그림 4-17 | 2016년 4월부터 2018년 2월까지의 2개년도의 전국실적 중 서비스업 인력사정실적(좌)과 2016년 4월부터 2018년 3월까지의 한국 실업률(계절변동조정)(단위: %)(우)의 동향

〈그림 4-16〉과 〈그림 4-17〉의 전국실적 중 서비스업 채산성실적과 자금사정실적, 인력사정실적이 나타나 있다. 그리고 이와 아울러 〈그림 4-17〉에는 한국 실업률(계절변동조정)(단위: %)이 나와 있다. 이에 따라 국내 경기의 동향을 살펴보면, 서비스업 채산성실적과 인력사정실적이 다소 주춤하고 있는 양상을 보이지만 서비스업 자금사정실적은 개선될 수 있는 여지가 있어 보인다. 한편 한국 실업률(계절변동조정)도 국가와 민간 모두 힘을 합하여 개선의 모양을 연출해야 하는 양상을 나타내고 있다. 이러한 지표들을 토대로 기업들의 투자의사결정 및 전략적인 판단 요인에 중요한 판단 기준으로 활용될 수 있으며, 다소 엇갈리는 지표들에 의하여 경영계획수립에 있어서도 좀 더 면밀한 분석이 요구된다고 하겠다.

특히 해외 요인들이 국내 경제에 영향을 미치지는 않는지도 파악해 볼 필요가 있다. 선진국시장의 경제는 양호하다고 하더라도 신흥국시장의 통화가치가 불안정해진다든지 하는 모습을 보일 경우에도 국내 서비스업시장에도 영향을 나타낼 수 있다. 한편 미국을 중심으로 금리인상이 2018년 이후 지속될 때 한국의 경우에는 어떠한 통화 및 금리정책(monetary and interest policy)을 취할지도 숙제에 놓이게 된다. 즉, 국내의 경우에 있어서는 금리를 올릴 경우 가계부채문제와 같은 민감한 과제와 수출지향적인 국가라고 볼 경우에 있어서 기업들에게 있어서 경쟁력 부분도 고려해야 한다.

한편 서비스업과 관련하여 4차 산업의 부가가치의 중요성에 대하여는 10년 정도 전부터 정부에서 지속적으로 강조하여 온 것이 사실이며, 최근 금융분야에서 로보

어드바이저와 같은 새로운 영역 등이 등장하고 있는 점도 새로운 산업의 탄생과 함께 새로운 일자리 창출도 기업들은 대응해 나가야 한다. 특히 핀테크와 가상 및 암호화폐, ICO와 관련된 4차 산업혁명이 빠르게 전개되면서 기존의 세계적인 기업들의 판도에도 변화가 발생하고 있으며, 이와 같은 산업들에 관심이 있는 기업들은 보다 주의깊은 국내외 정책변화에도 민감하게 반응해야 한다.

지표상으로도 실업률은 중요하지만 국가의 경제 선순환구조에 가장 중요한 요소이기도 하다. 여기서 4차 산업혁명을 비롯한 새로운 물결이 기존의 일자리 창출과 다르게 어떻게 생겨나는지도 파악해 볼 필요가 있다. 또한 청년층 일자리와 노년층 일자리 사업 등과 같이 각 계층별 국가의 정책적 변화에도 대처해 나가야 한다.

따라서 이와 같이 기업들의 전략적인 의사결정의 판단에 있어서 해외 및 국내의 각종 정책변화들에 대하여 면밀한 분석과 예측 및 대응방안의 모색과 같은 게임전략 등이 향후 더욱 중요해질 것으로 보인다.

| 표 4-5 | 가격의 분산효과 또는 가격의 불평등성

	내 용
가격의 분산효과 또는 가격의 불평등성	• 가격의 분산효과 또는 가격의 불평등성은 다음의 두 가지의 경우에서 발생할 수 있다. • 첫째, 상품들이 판매되는 모든 가격을 알지 못하는 소비자가 존재할 경우이다. 이는 시장에서 거래되는 가격 수준, 즉 시장에 대한 무지의 현상에서 비롯된다. • 둘째, 판매자들이 제공하는 추가적인 서비스의 양상에서 비롯되기도 한다. 이는 주로 판매자들의 고객에 대한 서비스와 관련된 것이다. 그리고 주식과 같은 금융 산업에서도 주주들에게 다양한 방식의 배당 전략 등이 채택된다면 비슷한 유형의 사례로서 판단할 수도 있다.

이와 같은 가격의 분산효과 또는 가격의 불평등성은 다음의 두 가지의 경우에서 발생할 수 있다. 첫째, 상품들이 판매되는 모든 가격을 알지 못하는 소비자가 존재할 경우이다. 이는 시장에서 거래되는 가격 수준, 즉 시장에 대한 무지의 현상에서 비롯된다. 둘째, 판매자들이 제공하는 추가적인 서비스의 양상에서 비롯되기도 한다. 이는 주로 판매자들의 고객에 대한 서비스와 관련된 것이다. 그리고 주식과 같은 금융 산업에서도 주주들에게 다양한 방식의 배당 전략 등이 채택된다면 비슷한

유형의 사례로서 판단할 수도 있다.

가격의 분산효과 또는 가격의 불평등성

↓

가격의 분산효과 또는 가격의 불평등성은
다음의 두 가지의 경우에서 발생

↓

상품들이 판매되는 모든 가격을 알지 못하는 소비자가 존재할 경우

↓

판매자들이 제공하는 추가적인 서비스의 양상에서 비롯되기도 함

| 그림 4-18 | 가격의 분산효과 또는 가격의 불평등성 출현의 관계성

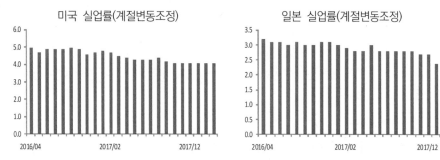

| 그림 4-19 | 2016년 4월부터 2018년 3월까지의 미국 실업률(계절변동조정)(단위: %)(좌)과
2016년 4월부터 2018년 2월까지의 일본 실업률(계절변동조정)(단위: %)(우)의
동향

〈그림 4-19〉에는 2016년 4월부터 2018년 3월까지의 미국 실업률(계절변동조정)
(단위: %)(좌)과 2016년 4월부터 2018년 2월까지의 일본 실업률(계절변동조정)(단위: %)
(우)의 동향이 나와 있다. 또한 〈그림 4-20〉에는 2016년 6월부터 2016년 12월까
지의 분기별 중국 실업률(계절변동조정)(단위: %)(좌)과 2017년 3월부터 2017년 12월
까지의 분기별 중국 실업률(계절변동조정)(단위: %)(우)의 동향이 나타나 있다. 각각의
자료 출처는 한국은행의 경제통계검색시스템[간편검색]에 의하여 나타낸 것이다.

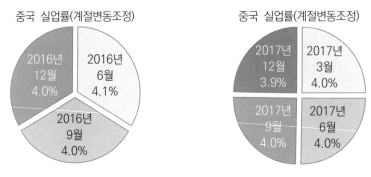

| 그림 4-20 | 2016년 6월부터 2016년 12월까지의 분기별 중국 실업률(계절변동조정)(단위: %) (좌)과 2017년 3월부터 2017년 12월까지의 분기별 중국 실업률(계절변동조정) (단위: %)(우)의 동향

〈그림 4-19〉과 〈그림 4-20〉에 미국 실업률(계절변동조정)(단위: %) 및 일본 실업률(계절변동조정)(단위: %), 중국 실업률(계절변동조정)(단위: %)이 나와 있다. 〈그림 4-17〉에 있어서 한국 실업률(계절변동조정)(단위: %)은 제자리걸음이지만 같은 기간 및 비슷한 기간 동안 미국과 일본의 실업률은 낮아지는 추세를 보이고 있다. 특히 일본의 실업률은 2017년 6월 이후 2% 대에서 안정세를 나타내고 있다. 이는 한국보다 미국과 일본의 경기가 더 좋아지고 있는 것을 반영하고 있는 것인지 기업들은 전략적으로 판단해 볼 필요가 있다.

〈그림 4-20〉에서 큰 차이는 아니지만 중국 실업률(계절변동조정)(단위: %)도 2016년 6월 4.1%에서 2017년 12월 3.9%까지 낮아지는 추세를 보이고 있다. 따라서 미국과 일본, 중국 등 선진국 및 G2들의 경기가 호조세를 나타내고 있는지 파악해 볼 필요가 있다. 이는 기업들에 대하여 해외요인으로서 유가변동폭의 확대를 비롯한 미국의 금리인상, 환율 및 미국과 중국 간의 무역협상 진행과정, 이들 변수들이 향후 국내 경제에 미치는 파급효과와 같은 이슈 등을 포함하여 살펴보는 것이 중요하다는 것이다.

따라서 이와 같이 기업들의 전략적인 의사결정의 판단에 있어서 해외 및 국내의 각종 지표들에 대하여 면밀한 분석과 예측 및 대응방안의 모색과 같은 게임전략 등이 2018년 이후 더 중요해질 것으로 예측되고 있다.

인터넷혁명이 2000년대 초반에 이루어진 이후 이와 같은 인터넷을 통하여 정보에 대한 검색이 쉬워졌지만 경우에 따라 여전히 정보에 대한 검색비용은 존재하고 있다. 광의로 판단해볼 때 도덕적인 해이(moral hazard)나 역의 선택(adverse selection)
도 여기에 해당한다고 볼 수 있다.

이에 따라 가격에 대하여 구매자들의 불완전한 지식이 여전히 존재하게 되고 가
격의 분산효과 또는 가격의 불평등성이 나타나게 된다. 이와 같이 가격의 분산효과
또는 가격의 불평등성을 경험할 수밖에 없는 구매자 또는 소비자들은 정보에 대한
검색에서 얻는 수익률의 개념이 정보에 대한 검색비용보다 상회한다고 하면 당연
히 정보 검색비용을 지불하고 정보 검색비용보다 더 높은 수익률을 추구하게 된다.

| 표 4-6 | 정보 검색비용과 수익률

	내 용
정보 검색비용과 수익률	• 인터넷혁명이 2000년대 초반에 이루어진 이후 이와 같이 인터넷을 통하여 정보에 대한 검색이 쉬워졌지만 경우에 따라 여전히 정보에 대한 검색비용은 존재하고 있다. • 광의로 판단해볼 때 도덕적인 해이(moral hazard)나 역의 선택(adverse selection)도 여기에 해당한다고 볼 수 있다. • 가격에 대하여 구매자들의 불완전한 지식이 여전히 존재하게 되고 가격의 분산효과 또는 가격의 불평등성이 나타나게 된다. • 가격의 분산효과 또는 가격의 불평등성을 경험할 수밖에 없는 구매자 또는 소비자들은 정보에 대한 검색에서 얻는 수익률의 개념이 정보에 대한 검색비용보다 상회한다고 하면 당연히 정보 검색비용을 지불하고 정보 검색비용보다 더 높은 수익률을 추구하게 된다.

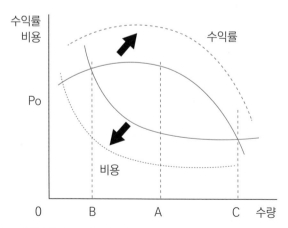

| 그림 4-21 | 정보 검색비용과 수익률의 비교

〈그림 4-21〉과 같이 가격의 분산효과 또는 가격의 불평등성을 경험할 수밖에 없는 구매자 또는 소비자들은 정보에 대한 검색에서 얻는 수익률의 개념이 정보에 대한 검색비용보다 상회한다고 하면 정보 검색비용을 지불하고 정보 검색비용보다 더 높은 수익률을 추구하게 된다. 〈그림 4-21〉에서 여기서 X축의 A점과 B점 및 C점을 비교해 보면, B점과 C점 사이에 놓여 있어서 수익률이 비용보다 높은 구간에 속하여 있다. 따라서 이 구간 내에서는 선택하는 것이 유리하다. 즉, 정보 검색에 따른 비용보다 정보 검색으로부터 얻는 수익률이 더 높기 때문이다. 하지만 B점의 왼쪽 측면과 C점의 오른쪽 측면은 선택을 하게 되면 수익률보다 비용이 더 높은 구간으로 정보 검색에 따른 비용이 정보 검색으로부터 얻는 수익률보다 더 높아서 선택하지 않게 된다.

정보 검색비용과 수익률

↓

인터넷혁명이 2000년대 초반에 이루어진 이후
인터넷을 통하여 정보에 대한 검색이 쉬워졌지만
여전히 정보에 대한 검색비용은 존재

↓

가격에 대하여 구매자들의 불완전한 지식이 여전히 존재하게 되고
가격의 분산효과 또는 가격의 불평등성이 나타나게 됨

↓

가격의 분산효과 또는 가격의 불평등성을 경험할 수밖에 없는
구매자 또는 소비자들은 정보에 대한 검색에서 얻는 수익률의
개념이 정보에 대한 검색비용보다 상회한다고 하면
정보 검색비용을 지불하고 정보 검색비용보다 더 높은 수익률을 추구

| 그림 4-22 | 정보 검색비용과 수익률의 관계도

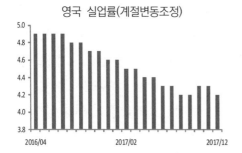

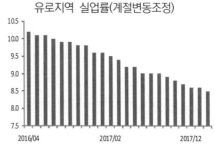

| 그림 4-23 | 2016년 4월부터 2017년 12월까지의 영국 실업률(계절변동조정)(단위: %)(좌)과 2016년 4월부터 2018년 2월까지의 유로지역 실업률(계절변동조정)(단위: %)(우)의 동향

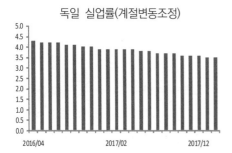

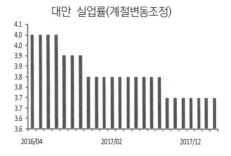

| 그림 4-24 | 2016년 4월부터 2018년 2월까지의 독일 실업률(계절변동조정)(단위: %)(좌)과 2016년 4월부터 2018년 3월까지의 대만 실업률(계절변동조정)(단위: %)(우)의 동향

〈그림 4-23〉에는 2016년 4월부터 2017년 12월까지의 영국 실업률(계절변동조정)(단위: %)(좌)과 2016년 4월부터 2018년 2월까지의 유로지역 실업률(계절변동조정)(단위: %)(우)의 동향이 나와 있다. 또한 〈그림 4-24〉에는 2016년 4월부터 2018년 2월까지의 독일 실업률(계절변동조정)(단위: %)(좌)과 2016년 4월부터 2018년 3월까지의 대만 실업률(계절변동조정)(단위: %)(우)의 동향이 나타나 있다. 각각의 자료 출처는 한국은행의 경제통계검색시스템[간편검색]에 의하여 나타낸 것이다.

〈그림 4-23〉과 〈그림 4-24〉의 경우 영국 실업률(계절변동조정)과 유로지역 실업률(계절변동조정), 독일 실업률(계절변동조정), 대만 실업률(계절변동조정) 등이 나타나 있다. 2018년 들어 2월까지 독일 실업률은 3.5%이고 대만 실업률은 3.7%를 유지하고

있다. 이와 같이 실업률이 한국보다 낮은 상태를 유지하고 있는 국가들의 경우 경제체제에 대해 연구하면 한국의 경우에도 충분히 실업률을 낮출 수 있는 잠재력이 있으므로 경제정책에 도움이 될 것으로 판단된다. 또한 정부 이외에 기업들도 이들 나라들의 실업률이 낮은 것이 통화정책에 근거한 경제적 안정 때문인지, 아니면 재정정책에 근간을 둔 정책적인 효과 때문인지 전략적인 판단을 하여 이들 국가들과 거래할 때 참고할 필요가 있다.

특히 독일의 경우에 있어서는 기계 등 대부분에서 한국보다 기술력이 앞서 있으므로 실업률까지 낮은 상태를 유지하고 있는 점 등 경제적 및 사회적인 모든 체계에서 흐름의 양상도 벤치마킹(benchmarking)할 필요가 있다. 로봇을 비롯한 4차 산업혁명에 근간을 두고 금융분야와 같은 분야에서 로보어드바이저와 같은 새로운 영역 등이 발전하고 있으며, 자율주행차와 인공지능과 같은 새로운 산업의 탄생 등을 한국의 기업들이 벤치마킹하거나 공동 연구 등을 통하여 새로운 일자리 및 취·창업 창출에도 대응해 나가야 한다.

지표상으로도 실업률은 중요하지만 국가의 경제 선순환구조에 가장 중요한 요소이며, 4차 산업혁명을 비롯한 새로운 물결이 기존의 일자리 창출과 다르게 어떻게 생겨나는지도 파악해 볼 필요성도 있다. 한편 청년층 일자리와 노년층 일자리 사업 등과 같이 각 계층별로 독일과 대만과 같은 국가들의 노력도 한국의 경제에 주는 시사점이 있는지 알아볼 필요가 있다.

이에 따라 기업들에 있어서 현재 당면하고 있는 지정학적인 위험(risk) 요소들이 있는지에 대한 분석과 함께 미국의 금리인상과 이와 같은 현상이 이머징마켓에 미치는 영향 분석, 이머징마켓에서 잠재되어 있는 물가불안과 신용위험 등이 발생할 가능성이 있거나 진행 중인지 그리고 한국경제에 주는 영향에 대하여 주도면밀한 분석과 경영계획수립 전략 등이 기업들 차원에서 경우에 따라 국가 간에 있어서 고려해야 하는 게임의 요소들이다.

정보 검색비용과 효율성

CHAPTER 05 정보 검색비용과 거래의 중앙 집중화

제1절 정보 검색비용과 가격 또는 비용 분산

| 표 5-1 | 정보 검색과 최저 가격수준의 상품 구매

	내 용
정보 검색과 최저 가격수준의 상품 구매	• 상품들의 구매분석과 관련해 가정하여 만들어진 분포에 의한 검색의 수가 늘어남에 따라서 구매자가 찾게 되는 최소의 가격에 있어서의 예상되는 값이 줄어들게 된다. • 무한의 검색을 통하여 구매자는 상품들이 제공되는 최저의 가격수준을 찾 게 된다.

정보 검색과 최저 가격수준의 상품 구매

↓

상품들의 구매분석과 관련해 가정하여 만들어진 분포에 의한
검색의 수가 늘어남에 따라서 구매자가 찾게 되는 최소의 가격에
있어서의 예상되는 값이 줄어들게 됨

↓

무한의 검색을 통하여 구매자는 상품들이 제공되는 최저의 가격수준을 찾게 됨

| 그림 5-1 | 정보 검색과 최저 가격수준의 상품 구매의 흐름도

상품들의 구매 분석과 관련해 가정하여 만들어진 분포에 의한 검색의 수가 늘어남에 따라서 구매자가 찾게 되는 최소의 가격에 있어서의 예상되는 값이 줄어들게 된다. 즉, 무한의 검색을 통하여 구매자는 상품들이 제공되는 최저의 가격수준을 찾게 된다.

상품들의 경우에 있어서 구매자와 판매자들 간에 있어서 서로 매칭(matching)시켜 주는 것이 매우 중요한 요소이다. 즉, 구매자는 동일한 품질의 제품에 대하여 조금이라도 싼 가격의 제품을 구매하기 희망하고 판매자는 동일한 품질의 제품에 대하여 조금이라도 비싼 가격에 많은 수량을 판매하길 희망하기 때문이다. 이와 같이 서로 이해 상충하는 조건들을 이어주는 역할이 우리가 잘 알고 있는 시장의 역할이기도 하다. 이와 같은 구매와 판매에 있어서 정보가 중요한 요소가 되는데, 뒤에서도 언급될 광고와 같은 매체가 구매자와 판매자 간에 윤활유 역할을 할 수 있다. 물론 광고비와 같은 요인이 발생하고 이것이 가격에 전이될 수 있는 것은 단점에 속하기도 한다.

〈그림 5-2〉에는 2007년부터 2016년까지의 전산업 사업체수(단위: 개)(좌)와 전산업 종사자수(단위: 명)(우)의 동향이 나와 있다. 그리고 〈그림 5-3〉에는 2007년부터 2016년까지의 농업, 임업 및 어업 사업체수(단위: 개)(좌)와 농업, 임업 및 어업 종사자수(단위: 명)(우)의 동향이 나타나 있다. 각각의 자료 출처는 한국은행의 경제통계검색시스템[간편검색]에 의하여 나타낸 것이다.

〈그림 5-2〉와 〈그림 5-3〉의 경우 각각 전산업 사업체수(단위: 개)와 전산업 종

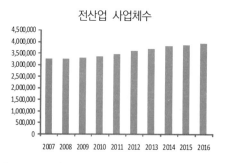
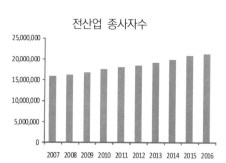

| 그림 5-2 | 2007년부터 2016년까지의 전산업 사업체수(단위: 개)(좌)와 전산업 종사자수 (단위: 명)(우)의 동향

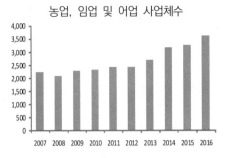
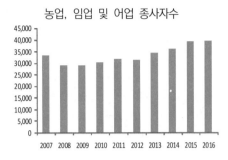

| 그림 5-3 | 2007년부터 2016년까지의 농업, 임업 및 어업 사업체수(단위: 개)(좌)와 농업, 임업 및 어업 종사자수(단위: 명)(우)의 동향

사자수(단위: 명), 농업, 임업 및 어업 사업체수(단위: 개)(좌)와 농업, 임업 및 어업 종사자수(단위: 명)(우)가 나타나 있는데, 모든 수치에서 증가하고 있는 것을 알 수 있다. 인구수의 증가와 함께 사업체수의 동반 증가현상이 벌어지고 있다. 하지만 구체적으로 어느 부분의 산업체가 투자 유망한지 등과 관련하여서는 전체적으로 어느 부분에서 특히 종사자수와 사업체수가 늘어나는지 살펴보아야 한다. 특히 실업률이 높은 수준인지 낮은 수준인지 등도 함께 고려하는 기업들의 전략적인 판단이 중요하다.

이와 같이 종사자수와 사업체수, 실업률같은 양적인 변수들에 대한 변화에 대하여 알아보는 것도 중요하지만 국가 경제의 경기변동과 로봇, 인공지능, 자율주행차, 신재생에너지사업, 유헬스산업, 2차전지 등과 같이 새로운 동력산업이며 4차산업혁명을 이끌고 있는 산업체의 발전과 융복합 산업의 발전 등에 대하여 잘 살펴볼 필요가 있다. 이에 따라 산업 내에서도 기존의 일자리 창출과 다르게 어떻게 생겨나는지도 파악해 볼 필요성도 있다.

한편 청년층 일자리와 노년층 일자리 사업 등과 같이 각 계층별 및 산업체별 변화도 알아볼 필요가 있다. 그리고 이에 해당하는 산업의 기업들에 있어서 현재 당면하고 있는 중동, 동북아시아 등의 지정학적인 위험 요소들이 있는지 분석과 함께 미국의 금리인상과 이와 같은 현상이 이머징마켓에 미치는 영향 분석, 이머징마켓에서 잠재되어 있는 물가불안과 신용위험 등이 발생할 가능성이 있거나 진행 중인지 등도 살펴보아야 한다.

또한 이러한 요인들이 한국경제에 주는 영향에 대한 세세한 분석과 경영계획수
립 전략 등은 기업들 차원에서 중요한 전략 및 게임의 요소이다.

검색 횟수의 증가와 가격

↓

가격수준이 0과 1의 사이에 균등하게 분포한다면,
최소의 가격 분포는 0과 1의 사이에 놓이게 됨

↓

균일한 분포가 각각에 의하여 주어진다면 평균 최저 가격에 있어서
이 가격 주변에서 평균 최저 가격 및 변동 현상이 일어나게 됨

↓

보통재 또는 정상재일 경우 검색의 횟수가 증가하게 되면
평균 최저 가격 및 그 분산 값 모두 감소

| 그림 5-4 | 검색 횟수의 증가와 가격의 관계

| 표 5-2 | 검색 횟수의 증가와 가격

	내 용
검색 횟수의 증가와 가격	• 가격수준이 0과 1의 사이에 균등하게 분포한다면, 최소의 가격 분포는 0과 1의 사이에 놓이게 된다. • 균일한 분포가 각각에 의하여 주어진다면 평균 최저 가격에 있어서 이 가격 주변에서 평균 최저 가격 및 변동 현상이 일어나게 된다. • 보통재 또는 정상재라고 할 경우 검색의 횟수가 증가하게 되면 평균 최저 가격 및 그 분산 값 모두 감소하는 것으로 나타난다.

가격수준이 0과 1의 사이에 균등하게 분포한다면, 최소의 가격 분포는 0과 1의
사이에 놓이게 된다. 균일한 분포가 각각에 의하여 주어진다면 평균 최저 가격에
있어서 이 가격 주변에서 평균 최저 가격 및 변동 현상이 일어나게 된다.

보통재 또는 정상재라고 할 경우 검색의 횟수가 증가하게 되면 평균 최저 가격
및 그 분산 값 모두 감소하는 것으로 나타난다.

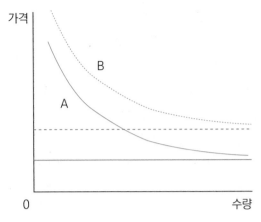

| 그림 5-5 | 검색 횟수의 증가와 평균 최저 가격의 관계

〈그림 5-5〉와 같이 보통재 또는 정상재라고 할 경우 검색의 횟수가 증가하게 되면 평균 최저 가격 및 그 분산 값이 모두 줄어들게 된다. 즉, A점을 지나는 상품과 B점을 지나는 상품이 제품의 품목은 일치하지만 품질과 성분 등에서 차이가 나는 상품들로 구성되어 있다고 할 때, 두 상품 모두 보통재 또는 정상재라고 가정해 보자. 이 경우 두 상품 모두에서 검색의 횟수가 증가하게 되면 평균 최저 가격이 감소하게 되며 이에 수반하여 동시에 일반적으로 분산 값도 줄어들게 되는 것이다.

〈그림 5-6〉에는 2007년부터 2016년까지의 농업 사업체수(단위: 개)(좌)와 농업 종사자수(단위: 명)(우)의 동향이 나와 있다. 그리고 〈그림 5-7〉에는 2007년부터 2016년까지의 임업 사업체수(단위: 개)(좌)와 임업 종사자수(단위: 명)(우)의 동향이 나타나 있다. 각각의 자료 출처는 한국은행의 경제통계검색시스템[간편검색]에 의하여 나타낸 것이다.

〈그림 5-6〉과 〈그림 5-7〉의 경우 각각 농업 및 어업 사업체수(단위: 개)(좌)와 농업 및 임업의 종사자수(단위: 명)(우)가 나타나 있는데, 임업의 종사자수를 제외한 모든 수치에서 증가하고 있는 것을 알 수 있다.

짐 로저스와 같은 투자자 및 빌 게이츠 등이 미래의 산업에서 농업을 찾을 정도로 농업은 미래 잠재적인 산업으로 분류되고 있다. 하지만 한국의 농업은 각종 FTA 관세 등에서 불리한 위치에 있는 것이 현실이다. 따라서 이와 같은 불리한 여건이 향후 개선되지 않으면 임업의 종사자수와 같이 감소할 수도 있는 상황이다.

더욱이 향후에는 인구수까지 줄어들 가능성이 매우 커지고 있으므로 이에 대한 면밀한 대응이 필요하다. 따라서 이와 같은 산업에 관심을 갖고 있는 기업들은 전략적으로 미래 1차 산업의 역할 및 발전가능성에 대하여 대내외 정부의 정책을 비롯한 각종 현안에도 만반의 준비가 있어야 한다. 미국의 금융위기 시에 GRDP와 같은 국내지표들도 모두 일제히 부정적인 영향을 받았던 경험을 빌려보면 대내외 금융 및 경제동향도 빠짐없이 살펴보아야 한다.

청년층 일자리와 노년층 일자리 사업 등과 같이 각 계층별 및 산업체별 변화도 알아볼 필요가 있다. 또한 이에 해당하는 산업의 기업들에 있어서 현재 당면하고 있는 동북아시아, 중동 등의 지정학적인 위험 요소들이 있는지 분석과 함께 미국의 금리인상과 이와 같은 현상이 신흥시장에 미치는 영향 분석, 신흥시장에서 잠재되어 있는 물가불안과 신용위험 등이 발생할 가능성이 있거나 진행 중인지 등도 살펴보아야 한다.

이에 따라 종사자수와 사업체수 같은 양적인 변수들에 대한 변화에 대하여 알아보는 것도 중요하지만 국가 경제의 경기변동과 암호화폐, 가상화폐, ICO 등과 로봇, 인공지능, 자율주행차, 신재생에너지사업, 유헬스산업, 2차전지 등과 같은 새로운 동력산업이며 4차 산업혁명을 이끌고 있는 산업체의 발전과 융복합 산업의 발전 등에 대하여 잘 살펴볼 필요가 있다. 이와 관련하여 산업 내에서도 기존의 일자리 창출과 다르게 어떻게 생겨나는지도 파악해 볼 필요성도 있다. 그리고 이러한 요인들이 한국경제에 주는 영향에 대하여 세밀한 분석과 기업들에게 있어서 치밀한 경영계획수립 전략 등이 어느 때보다 중요한 전략 및 게임의 요소들에 해당되고 있다.

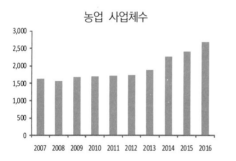
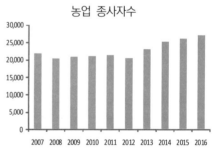

| 그림 5-6 | 2007년부터 2016년까지의 농업 사업체수(단위: 개)(좌)와 농업 종사자수(단위: 명)(우)의 동향

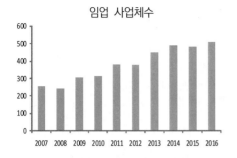
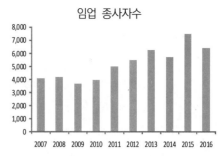

| 그림 5-7 | 2007년부터 2016년까지의 임업 사업체수(단위: 개)(좌)와 임업 종사자수(단위: 명)(우)의 동향

시장을 통하여 가격 분산효과가 많아질수록 사용 가능한 비용 절감의 효과가 커지게 되어 추가적인 정보 검색을 통하여 최소의 가격수준으로 예상되는 감소폭이 커지게 된다. 균일 분포일 경우를 고려할 때, 정보 검색의 횟수에 따라 정규 분포성과 균일 분포에서 모두 정보 검색의 횟수가 증가할 경우 낮은 가격 또는 비용으로 확률 밀도분포가 높아지게 된다.

즉, 중심극한정리(central limit theorem)와 같이 가격 또는 비용의 평균값이 낮아지고 이를 중심으로 확률 밀도분포가 높아지게 된다는 의미이다. 따라서 이전의 높은 비용이 아닌 낮은 가격 또는 비용을 중심으로 종(bell) 모양으로 퍼져나가게 됨을 나타낸다.

| 표 5-3 | 정보 검색 횟수와 정규 분포

	내 용
정보 검색 횟수와 정규 분포	• 시장을 통하여 가격 분산효과가 많아질수록 사용 가능한 비용 절감의 효과가 커지게 되어 추가적인 정보 검색을 통하여 최소의 가격수준으로 예상되는 감소폭이 커지게 된다. • 균일 분포일 경우를 고려할 때, 정보 검색의 횟수에 따라 정규 분포성과 균일 분포에서 모두 정보 검색의 횟수가 증가할 경우 낮은 가격 또는 비용으로 확률 밀도분포가 높아지게 된다.

정보 검색 횟수와 정규 분포

↓

시장을 통하여 가격 분산효과가 많아질수록 사용 가능한
비용 절감의 효과가 커지게 되어 추가적인 정보 검색을 통하여
최소의 가격수준으로 예상되는 감소폭이 커지게 됨

↓

균일 분포일 경우를 고려할 때, 정보 검색의 횟수에 따라 정규 분포성과
균일 분포에서 모두 정보 검색의 횟수가 증가할 경우 낮은 가격 또는 비용으로
확률 밀도분포가 높아지게 됨

| 그림 5-8 | 정보 검색 횟수와 정규 분포의 과정

〈그림 5-9〉에는 2007년부터 2016년까지의 어업 사업체수(단위: 개)(좌)와 어업 종사자수(단위: 명)(우)의 동향이 나와 있다. 그리고 〈그림 5-10〉에는 2007년부터 2016년까지의 광업 사업체수(단위: 개)(좌)와 광업 종사자수(단위: 명)(우)의 동향이 나타나 있다. 각각의 자료 출처는 한국은행의 경제통계검색시스템[간편검색]에 의하여 나타낸 것이다.

〈그림 5-9〉와 〈그림 5-10〉의 경우 각각 어업 및 광업 사업체수(단위: 개)(좌)와 어업 및 광업의 종사자수(단위: 명)(우)가 나타나 있는데, 앞의 그림들과 연결하여 살펴볼 때 농업과 어업 분야는 사업체수와 종사자수 모두 증가추세를 분석 기간 동안 보였다. 한편 광업 부분은 사업체수에서 최근 들어 감소 또는 정체를 보였으며, 임업 부분은 종사자수에서 최근 줄어든 양상을 보였다. 이에 따라 이러한 분야들에 투자를 하는 기업들은 투자 전략상에 있어서 향후 추세에 대하여 면밀한 분석이 필요하다고 판단된다.

이는 한국을 둘러싸고 진행되고 있는 지정학적인 다른 국가들과의 관계, 여러 국가들과 추진되고 있거나 이미 발효가 되어 있는 FTA 등에 의하여 영향을 받는 것인지 파악이 필요하다. 더욱이 이들 분야는 향후에는 인구수까지 줄어들 가능성이 매우 커지고 있으므로 이러한 추세에 의하여 더 영향을 받을 가능성까지 있다.

이에 따라 이와 같은 산업에 관심을 갖고 있는 기업들은 전략적으로 미래 1차 산업의 역할 및 발전가능성에 대하여 대내외 정부의 정책을 비롯한 각종 현안에도

치밀한 준비가 있어야 한다. 미국의 금융위기 시에 GRDP와 같은 국내지표들도 모두 일제히 부정적인 영향을 받았던 경험과 이들 분야들은 지방의 세수재원으로 활용될 지방자치의 근간이기도 하기 때문에 기업뿐만 아니라 지방자치단체에서도 면밀한 분석이 필요한 상황이다.

종사자수와 관련하여 이들 산업 내에서도 청년층 일자리와 노년층 일자리 사업 등과 같이 각 계층별 및 산업체별 변화도 알아볼 필요도 있다. 그리고 이에 해당하는 산업의 기업들에 있어서 현재 당면하고 있는 동북아시아, 중동 등의 지정학적인 위험 요소들이 있는지 분석과 함께 미국의 금리인상과 이와 같은 현상이 신흥시장에 미치는 영향 분석, 신흥시장에서 잠재되어 있는 물가불안과 신용위험 등이 발생할 가능성이 있거나 진행 중인지 등도 살펴볼 필요성이 있다.

한편 종사자수와 사업체수와 같은 양적인 변수들에 대한 변화에 대해 알아보는 것도 중요하지만 신성장동력산업으로서 블록체인, 암호화폐, 가상화폐, ICO 등과 로봇, 인공지능, 자율주행차, 신재생에너지사업, 유헬스산업, 2차전지 등과 같은 새로운 동력산업이며 4차 산업혁명을 이끌고 있는 산업체의 발전과 융복합 산업의 발전 등에 대해서도 잘 살펴볼 필요성이 있다. 이와 연계하여 이들 산업군 내에서도 기존의 일자리 창출과 다르게 어떻게 생겨나는지도 파악해 볼 필요가 있다. 이에 따라 한국경제정책의 패러다임(paradigm)이 변화하고 있는지와 변화하고 있다면 어떠한 영향이 이들 산업들에게 미치는지에 대하여 세밀한 분석과 기업들에게 있어서 치밀한 경영계획수립 전략 등이 어느 때보다 중요한 전략 및 게임의 요소들이라고 하겠다.

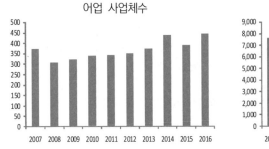
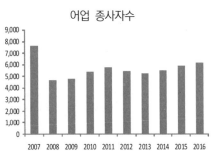

| 그림 5-9 | 2007년부터 2016년까지의 어업 사업체수(단위: 개)(좌)와 어업 종사자수(단위: 명)(우)의 동향

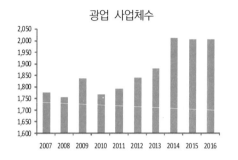

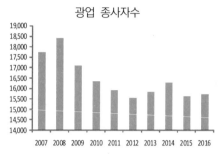

| 그림 5-10 | 2007년부터 2016년까지의 광업 사업체수(단위: 개)(좌)와 광업 종사자수(단위: 명)(우)의 동향

| 표 5-4 | 판매자(공급자)와 정보 검색비용의 관계

	내 용
판매자(공급자)와 정보 검색비용의 관계	• 추가적으로 정보 검색비용과 관련된 정의는 다음과 같다. • 첫째, 정보 검색비용은 구매자(소비자)가 상품의 가격에 대하여 알아보는 판매자(공급자) 숫자에 비례하여 변동한다. • 일반적인 경우 판매자(공급자)가 많을수록 정보 검색비용은 감소하게 된다. • 반대로 일반적인 현상에서 판매자(공급자)가 적을수록 정보 검색비용은 높아지게 된다.

판매자(공급자)와 정보 검색비용의 관계

↓

정보 검색비용은 구매자(소비자)가 상품의 가격에 대하여
알아보는 판매자(공급자) 숫자에 비례하여 변동

↓

일반적인 경우 판매자(공급자)가 많을수록 정보 검색비용은 감소

↓

반대로 일반적인 현상에서 판매자(공급자)가 적을수록
정보 검색비용은 높아지게 됨

| 그림 5-11 | 판매자(공급자)와 정보 검색비용의 관계도

추가적으로 정보 검색비용과 관련된 정의는 다음과 같다. 첫째, 정보 검색비용은 구매자(소비자)가 상품의 가격에 대하여 알아보는 판매자(공급자) 숫자에 비례하여 변동한다. 일반적인 경우 판매자(공급자)가 많을수록 정보 검색비용은 감소하게 된다. 반대로 일반적인 현상에서 판매자(공급자)가 적을수록 정보 검색비용은 높아지게 된다.

〈그림 5-12〉에는 2007년부터 2016년까지의 석탄, 원유 및 천연가스 광업 사업체수(단위: 개)(좌)와 석탄, 원유 및 천연가스 광업 종사자수(단위: 명)(우)의 동향이 나타나 있다. 그리고 〈그림 5-13〉에는 2007년부터 2016년까지의 금속 광업 사업체수(단위: 개)(좌)와 금속 광업 종사자수(단위: 명)(우)의 동향이 나와 있다. 각각의 자료 출처는 한국은행의 경제통계검색시스템[간편검색]에 의하여 나타낸 것이다.

〈그림 5-12〉와 〈그림 5-13〉의 경우 각각 석탄, 원유 및 천연가스 광업 및 금속 광업 사업체수(단위: 개)(좌)와 석탄, 원유 및 천연가스 광업 및 금속 광업의 종사자수(단위: 명)(우)가 나타나 있는데, 금속 광업 사업체수(단위: 개)(좌)와 석탄, 원유 및 천연가스 광업 및 금속 광업의 종사자수(단위: 명)(우)가 중요한 변곡점을 지나 줄어들거나 정체 국면에 접어든 것으로 나타나 있다. 이에 따라 이러한 분야들에 투자를 하는 기업들은 투자 전략상에 있어서 향후 추세에 대하여 자세한 분석이 뒤따라야 한다고 판단된다. 특히 한국의 향후 정책 방향이 화석연료에 의존하기보다는 신재생에너지의 비중이 높아지는지 여부 등도 중요할 것으로 판단된다.

이들 산업 역시 정부의 정책 방향이 향후 4차 산업혁명에 주안점을 두는 방향으로 전개된다면, 신성장동력산업으로서 블록체인, 암호화폐, 가상화폐, ICO 등과 로봇, 인공지능, 자율주행차, 신재생에너지사업, 유헬스산업, 2차전지 등과 같은 새로운 동력산업과의 관계성 등에도 융합(consilience) 차원에서 동반 성장 가능성을 염두에 두어야 한다.

또한 이들 산업 내에서도 최저임금을 비롯한 정부의 노동정책과 청년층 일자리와 노년층 일자리 사업 등과 같이 각 계층별 및 산업체별 변화도 분석해 나가야 한다. 이와 같은 산업들에 대한 투자에도 이와 같은 정부정책과 이들 산업을 둘러싸고 있는 환경(environment) 등도 정부의 정책과 한국경제의 패러다임 전환(shift) 등과 관련하여 전략과 게임적인 요소로서 중요시 해 나가야 한다.

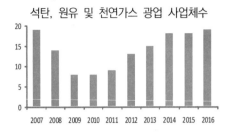

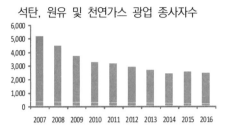

| 그림 5-12 | 2007년부터 2016년까지의 석탄, 원유 및 천연가스 광업 사업체수(단위: 개)(좌)와 석탄, 원유 및 천연가스 광업 종사자수(단위: 명)(우)의 동향

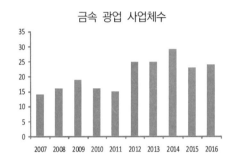

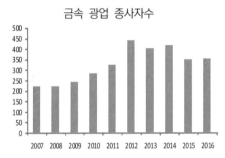

| 그림 5-13 | 2007년부터 2016년까지의 금속 광업 사업체수(단위: 개)(좌)와 금속 광업 종사자수(단위: 명)(우)의 동향

    추가적으로 정보 검색비용과 관련된 정의는 앞에서도 언급한 바와 같이 첫째, 정보 검색비용은 구매자(소비자)가 상품의 가격에 대하여 알아보는 판매자(공급자) 숫자에 비례하여 변동이 일어난다는 것이다. 그리고 이와 아울러 둘째, 정보 검색 비용은 시간과 매우 밀접하므로 고소득의 구매자(소비자)는 상대적으로 높게 형성되는 정보 검색비용에 직면하게 된다는 것이다. 이는 기회비용(opportunity cost)이 높기 때문에 일어나는 현상이다. 셋째, 최적의 정보 검색의 수준에서 예상되는 한계수익과 정보 검색의 비용이 일치하게 된다. 〈그림 4-21〉의 정보 검색비용과 수익률의 비교를 참조하면 알 수 있다. 즉, 수익률이 비용보다 높은 구간까지 정보 검색을 이용하게 된다는 것이다.

| 표 5-5 | 정보 검색비용과 시간 및 수익의 관계

	내 용
정보 검색비용과 시간 및 수익의 관계	• 정보 검색비용은 시간과 매우 밀접하므로 고소득의 구매자(소비자)는 상대적으로 높게 형성되는 정보 검색비용에 직면하게 된다는 것이다. 이는 기회비용(opportunity cost)이 높기 때문에 일어나는 현상이다. • 최적의 정보 검색의 수준에서 예상되는 한계 수익과 정보 검색의 비용이 일치하게 된다. 〈그림 4-21〉의 정보 검색비용과 수익률의 비교를 참조하면 알 수 있다. 즉, 수익률이 비용보다 높은 구간까지 정보 검색을 이용하게 된다는 것이다.

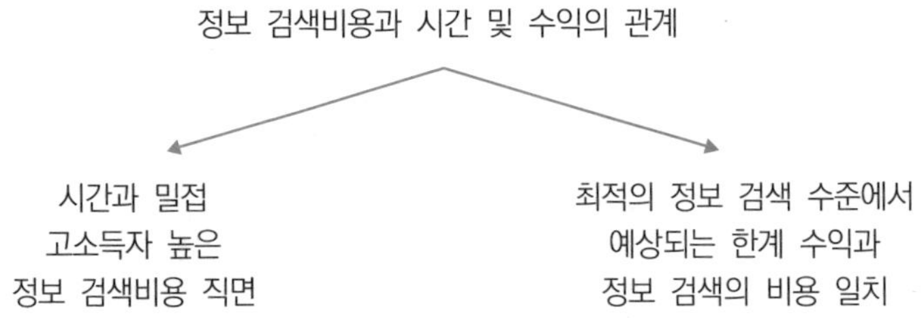

정보 검색비용과 시간 및 수익의 관계

시간과 밀접
고소득자 높은
정보 검색비용 직면

최적의 정보 검색 수준에서
예상되는 한계 수익과
정보 검색의 비용 일치

| 그림 5-14 | 정보 검색비용과 시간 및 수익의 관계성

〈그림 5-15〉에는 2007년부터 2016년까지의 비금속광물 광업; 연료용 제외 사업체수(단위: 개)(좌)와 비금속광물 광업; 연료용 제외 종사자수(단위: 명)(우)의 동향이 나와 있다. 그리고 〈그림 5-16〉에는 2007년부터 2016년까지의 광업 지원 서비스업 사업체수(단위: 개)(좌)와 광업 지원 서비스업 종사자수(단위: 명)(우)의 동향이 나타나 있다. 각각의 자료 출처는 한국은행의 경제통계검색시스템[간편검색]에 의하여 나타낸 것이다.

〈그림 5-15〉와 〈그림 5-16〉의 경우 각각 비금속광물 광업; 연료용 제외 및 광업 지원 서비스업 사업체수(단위: 개)(좌)와 비금속광물 광업; 연료용 제외 및 광업 지원 서비스업의 종사자수(단위: 명)(우)가 나타나 있는데, 비금속광물 광업; 연료용 제외 종사자수(단위: 명)를 제외하고는 정체 내지 감소를 나타내고 있다. 따라서 이들 분야에 투자하는 기업들은 투자 전략상에 있어서 향후 추세에 대하여 면밀한 분석과 조사가 이루어져야 한다는 판단이다.

한국의 경우에는 자원(resources)이 부족한 나라로서 이와 같이 1차산업의 경우에

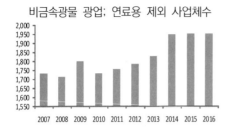 

| 그림 5-15 | 2007년부터 2016년까지의 비금속광물 광업; 연료용 제외 사업체수(단위: 개)
(좌)와 비금속광물 광업; 연료용 제외 종사자수(단위: 명)(우)의 동향

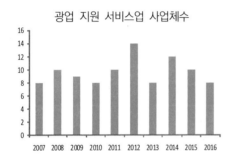 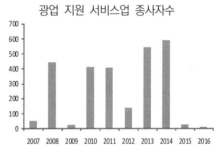

| 그림 5-16 | 2007년부터 2016년까지의 광업 지원 서비스업 사업체수(단위: 개)(좌)와 광업
지원 서비스업 종사자수(단위: 명)(우)의 동향

있어서도 상대적으로 발전에 있어서 불평등성이 존재하지 않는지 알아볼 필요가
있다. 이는 지방자치의 근간이 되는 세수(tax)의 재원이 되기도 하기 때문이다.

한국의 향후 정책 방향이 화석연료에 의존하기보다는 신재생에너지(new and re-
newable energy)의 비중이 높아지는지 여부 등도 중요할 것으로 판단된다. 한국의 경
우 미세먼지와 초미세먼지, 황사 등 공기오염(air pollution) 문제가 날로 심각해지고
있기 때문이기도 하다.

또한 이들 산업 역시 정부의 정책 방향이 향후 4차 산업혁명에 주안점을 두는
방향으로 전개된다면, 신성장동력산업으로서 블록체인, 암호화폐, 가상화폐, ICO
등과 로봇, 인공지능, 자율주행차, 신재생에너지사업, 유헬스산업, 2차전지 등과 같
은 새로운 동력산업과의 관계성 등에도 융합 차원에서 동반 성장을 모색해 둘 필
요가 있다.

그리고 이들 산업 내에서도 최저임금을 비롯한 정부의 노동정책과 청년층 일자리와 노년층 일자리 사업 등과 같이 각 계층별 및 산업체별 변화 가능성에 대해 분석해 나갈 필요성이 있다. 이와 같은 산업들에 대한 투자에도 이와 같은 정부정책과 이들 산업을 둘러싸고 있는 환경 등은 정부의 정책과 한국경제의 패러다임 전환 등과 관련해 기업 및 투자자들의 전략적인 판단과 게임적인 요소로서 매우 중요시 할 것이다.

마지막으로 추가적으로 정보 검색비용과 관련된 정의는 앞에서 언급한 세 가지 이외에 네 번째로 고유의 상품에서와 같이 시장에서 구매자(소비자) 혹는 판매자(공급자)가 거의 없는 상품일 경우에는 정보 검색비용이 훨씬 많이 들게 되는 것을 들 수 있다. 이는 아주 적은 수량에 대하여 거래되는 시장에 있어서는 구매자(소비자) 혹는 판매자(공급자)에 대하여 탐색하는 비용이 그렇지 않은 재화를 거래하는 시장에 비하여 훨씬 많이 들 수 있다는 것을 내포하고 있는 것이다.

| 표 5-6 | 구매자(소비자) 혹는 판매자(공급자)가 거의 없는 상품일 경우의 정보 검색비용

	내 용
구매자(소비자) 혹은 판매자(공급자)가 거의 없는 상품일 경우의 정보 검색비용	• 고유의 상품에서와 같이 시장에서 구매자(소비자) 혹는 판매자(공급자)가 거의 없는 상품일 경우에는 정보 검색비용이 훨씬 많이 들게 되는 것을 들 수 있다. • 이는 아주 적은 수량에 대하여 거래되는 시장에 있어서는 구매자(소비자) 혹은 판매자(공급자)에 대하여 탐색하는 비용이 그렇지 않은 재화를 거래하는 시장에 비하여 훨씬 많이 들 수 있다는 것을 내포하고 있는 것이다.

구매자(소비자) 혹은 판매자(공급자)가 거의 없는 상품일 경우의 정보 검색비용

고유의 상품일 경우 구매자 또는 판매자가 거의 없어 정보 검색비용 과다 가능

아주 적은 수량에 대해 거래되는 시장에 있어서 탐색 비용이 많이 들 수 있다는 의미

| 그림 5-17 | 구매자 혹은 판매자가 거의 없는 상품일 경우의 정보 검색비용의 관계

〈그림 5-18〉에는 2007년부터 2016년까지의 제조업 사업체수(단위: 개)(좌)와 제조업 종사자수(단위: 명)(우)의 동향이 나타나 있다. 또한 〈그림 5-19〉에는 2007년부터 2016년까지의 식료품 제조업 사업체수(단위: 개)(좌)와 식료품 제조업 종사자수(단위: 명)(우)의 동향이 나와 있다. 각각의 자료 출처는 한국은행의 경제통계검색시스템[간편검색]에 의하여 나타낸 것이다.

〈그림 5-18〉과 〈그림 5-19〉의 경우 각각 제조업 및 식료품 제조업 사업체수(단위: 개)(좌)와 제조업 및 식료품 제조업의 종사자수(단위: 명)(우)가 나타나 있는데, 모두 증가 추세(trend)를 유지하고 있다. 이에 따라 이들 분야에 투자하는 기업들은 투자 전략상에 있어서 향후 추세도 이와 같이 전개될 수 있는지에 대하여 세밀한 분석과 조사가 이루어져야 한다는 판단이다.

한국의 경우에는 대내외 지정학적인 영향과 미국 금리인상과 같은 변수들에 의하여도 영향을 받고 있다. 이는 수출지향적인 국가로서의 중요성이고, 대내적으로도 가계부채 문제를 비롯한 각종 경제적인 현안에 대하여도 민감하게 대처해 나가야 한다. 최근 들어 최저임금과 관련된 이슈들이 경제 및 노동현장에 어떻게 반영되고 있는지와 관련하여서도 시장에서는 주목하고 있기도 하다.

한편 블록체인, 암호화폐, 가상화폐, ICO 등과 로봇, 인공지능, 자율주행차, 신재생에너지사업, 유헬스산업, 2차전지 등과 같은 새로운 4차 산업혁명과 관련된 분야에서 한국이 어떠한 위치를 점하고 있는지도 살펴볼 필요가 있다. 한국의 태양광에서 세계적인 두각을 나타내고 있는 것과 같이 향후 미래 성장동력산업에 대한 과감한 투자가 기업들의 전략적인 판단과 세계적인 기업들과의 게임의 생존법칙에서도 중요하기 때문이다.

지능형 로봇만 하더라도 10년 전에도 미국과 독일, 일본의 기술 수준에서 10~30% 가량 뒤처져 있었고, 현재도 이러한 격차가 좁혀지지 않고 있다는 점도 주목할 필요가 있다. 이는 모든 4차 산업혁명 분야에 고루 적용될 수도 있기 때문이다. 국책연구소와 민간 대기업의 협업과 정부정책 방향과의 유기적인 역할도 중요하다. 국책연구소와 민간 대기업의 연구소가 중복하여 투자를 하여 자원 낭비요소가 없는지도 파악해 나가야 한다. 중소기업의 기술력이 세계적인데 국내 시장과 국내 기업들의 생태계 상 활로개척이 어렵다면 10년 전부터 추진되어온 세계시장에서의 자금조달(funding)과 세계적인 대기업과의 협력관계가 잘 이루어져 나가야 한다.

수출지향적인 한국기업들에게 있어서 국내외 관세정책과 FTA 동향 등 무수히 많은 전략적인 요소들과 관련하여 전략과 게임의 법칙 차원에서 잘 대처하고 대응 방법을 모색해 나가야 한다.

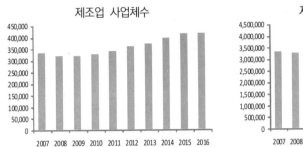

| 그림 5-18 | 2007년부터 2016년까지의 제조업 사업체수(단위: 개)(좌)와 제조업 종사자수 (단위: 명)(우)의 동향

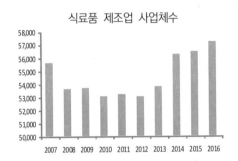
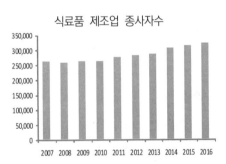

| 그림 5-19 | 2007년부터 2016년까지의 식료품 제조업 사업체수(단위: 개)(좌)와 식료품 제조업 종사자수(단위: 명)(우)의 동향

| 표 5-7 | 정보 검색비용과 광고 및 거래의 중앙 집중화

	내 용
정보 검색비용과 광고 및 거래의 중앙 집중화	• 정보 검색비용을 감소시키기 위하여 두 가지의 경우를 상정해 볼 수 있다. • 첫째, 광고를 들 수 있다. 광고에 따라 중국과 같이 넓은 지역에 구매자(소비자) 혹은 판매자(공급자)가 퍼져있는 경우에는 정보 검색비용을 구매자(소비자) 혹은 판매자(공급자) 모두 줄일 수 있다. 하지만 단점으로는 광고에 따른 비용이 발생한다는 점이다. • 둘째, 앞에서도 지적한 바와 같이 고유 상품의 경우에 있어서와 같이 구매

자(소비자) 혹은 판매자(공급자)가 아주 소수일 때에는 정보 검색비용이 훨씬 많이 들게 되는 상황이 발생할 수 있다. 예를 들어 아주 희귀한 상품을 취급할 경우와 같이 구매자(소비자) 혹은 판매자(공급자)가 아주 소수일 경우에 있어서는 거래의 중앙 집중화를 필요로 한다.

정보 검색비용을 감소시키기 위한 두 가지의 경우

광고에 따라 넓은 지역
구매자 혹은 판매자
정보 검색비용 감소

구매자 혹은 판매자가 아주
소수일 때에는 정보 검색비용이
많이 들 수 있어 거래 중앙 집중화 필요

| 그림 5-20 | 정보 검색비용 감소와 광고 및 거래의 중앙 집중화

정보 검색비용을 감소시키기 위하여 두 가지의 경우를 상정해 볼 수 있다. 첫째, 광고를 들 수 있다. 광고에 따라 중국과 같이 넓은 지역에 구매자(소비자) 혹은 판매자(공급자)가 퍼져있는 경우에는 정보 검색비용을 구매자(소비자) 혹은 판매자(공급자) 모두를 줄일 수 있다. 하지만 단점으로는 광고에 따른 비용이 발생한다는 점이다.

둘째, 앞에서도 지적한 바와 같이 고유 상품의 경우에 있어서와 같이 구매자(소비자) 혹은 판매자(공급자)가 아주 소수일 때에는 정보 검색비용이 훨씬 많이 들게 되는 상황이 발생할 수 있다. 예를 들어 아주 희귀한 상품을 취급할 경우와 같이 구매자(소비자) 혹은 판매자(공급자)가 아주 소수일 경우에 있어서는 거래의 중앙 집중화를 필요로 한다.

〈그림 5-21〉에는 2007년부터 2016년까지의 음료 제조업 사업체수(단위: 개)(좌)와 음료 제조업 종사자수(단위: 명)(우)의 동향이 나와 있다. 그리고 〈그림 5-22〉 2007년부터 2016년까지의 담배 제조업 사업체수(단위: 개)(좌)와 담배 제조업 종사자수(단위: 명)(우)의 동향이 나타나 있다. 각각의 자료 출처는 한국은행의 경제통계검색시스템[간편검색]에 의하여 나타낸 것이다.

〈그림 5-21〉과 〈그림 5-22〉의 경우 각각 음료 제조업 및 담배 제조업 사업체수(단위: 개)(좌)와 음료 제조업 및 담배 제조업의 종사자수(단위: 명)(우)가 나타나 있

는데, 음료 제조업 및 담배 제조업 사업체수는 소폭 감소 내지 정체를 보이고 있다. 반면에 음료 제조업 및 담배 제조업의 종사자수는 증가 추세를 나타내고 있다. 이에 따라 이들 분야에 투자하는 기업들은 투자 전략상에 있어서 향후 추세도 이와 같이 전개될 수 있는지에 대하여 세밀한 분석과 조사가 이루어져야 한다는 판단이다. 이는 사업체수와 종사자수가 엇갈리는 지표로서 어느 지표가 이들 산업에 있어서 현실에 적합한 것인지 알기 어렵기 때문이다.

한국의 경우에는 GRDP의 차원에서 살펴볼 때, 미국의 금융위기에 있어서도 모든 지역단위 경제주체도 영향을 받았다. 음료 제조업 및 담배 제조업은 주로 국내 위주의 사업이 주류를 이루고 있지만 이러한 대외 변수(external variables)의 움직임에서도 잘 살펴보아야 한다. 또한 내수 규모가 협소하므로 각종 사업 다각화와 규모의 경제성(economy of scale)도 고려해 보아야 한다.

즉, 대내외 중동 및 동북아시아의 지정학적인 영향과 미국 금리인상과 같은 변수들에 대하여도 면밀한 관찰이 필요하다. 또한 최근 들어 최저임금과 관련된 이슈들이 경제 및 노동현장에 어떻게 반영되고 있는지와 정부 정책의 패러다임 변화와 관련하여서도 시장에서 잘 살펴볼 필요성이 있다.

블록체인, 암호화폐, 가상화폐, ICO 등과 로봇, 인공지능, 자율주행차, 신재생에너지사업, 유헬스산업, 2차전지 등과 같은 새로운 4차 산업혁명과 관련된 분야에서 한국이 어떠한 위치를 점하고 있는지도 살펴볼 필요가 있다. 즉, 이들 산업과 전통적인 산업들이 융합하면서 발전해 나가는 측면도 있기 때문이다. 예를 들어 최근 들어 주목을 받기 시작하는 식물공장과 같은 산업은 기존의 1차 산업과 센서 등과 같은 사물인터넷(IoT: Internet of Things)과 관련된 4차 산업혁명과도 연결되기 때문이다. 추후 블록체인이나 암호화폐, 가상화폐, ICO 등이 활성화되면 판매에 있어서 화폐 교환도 다양한 4차산업과 연계하면서 새로운 차원의 사업(busines)으로도 발전해 나갈 수 있는 것이다. 이는 1차 산업이라고 하더라도 세계적으로 갑자기 사업 영역이 확장되어 나가고 규모의 경제가 해외 시장과의 협력 관계로서 달성 가능할 수 있는 것이다. 이는 국제무역이나 국제경영과 연결되는 측면이다. 아마존과 같은 거대기업들의 탄생도 소매에서 비롯되는 사업들의 확장 영역이 한순간에 해외시장(external market)까지 연결되었던 점을 상기할 필요도 있다. 따라서 새로운 부가가치(value added) 창출을 향하여 더욱 미래 성장동력산업과 연계하면서 과감한 투자를 하는 것이 기업들의 전략적인 판단과 세계적인 기업들과의 게임의 생존법칙에서도 점점 중요해지고 있기 때문이다.

또한 경우에 따라서 국내 제약관련 기업이 미국 뉴욕시장에서 자금을 조달받아 세계적인 유럽시장에서 관절염에 관련하여 선풍적인 인기를 끌고 대형회사로 발돋움한 것과 같이 세계시장에서의 자금조달과 세계적인 대기업과의 협력관계, 세계시장에서의 마케팅(marketing)도 필요하다. 이는 비록 1차 산업이 기본적인 산업이라고 하더라도 빌 게이츠와 짐 로저스 같은 유명한 투자자들도 미래 수익과 부가가치 창출을 1차 산업에서 찾으려고 노력 중이기 때문이고 향후 중요한 산업이 될 수 있다. 따라서 국내외 관세정책을 비롯하여 FTA 동향 등과 국내 정책변화 가능성 등 무수히 많은 전략적인 요소들과 관련해 전략과 게임의 법칙 차원에서 잘 대처하고 대응방법을 모색할 필요가 있다.

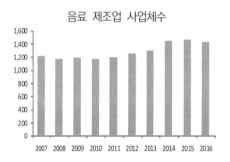
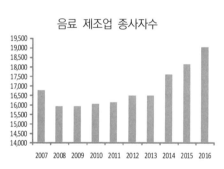

| 그림 5-21 | 2007년부터 2016년까지의 음료 제조업 사업체수(단위: 개)(좌)와 음료 제조업 종사자수(단위: 명)(우)의 동향

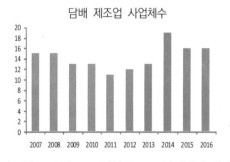
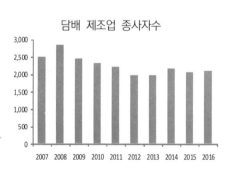

| 그림 5-22 | 2007년부터 2016년까지의 담배 제조업 사업체수(단위: 개)(좌)와 담배 제조업 종사자수(단위: 명)(우)의 동향

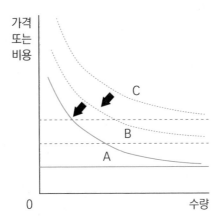

| 그림 5–23 | 고유 상품의 경우 거래의 중앙 집중화에 따른 정보 검색비용의 감소 효과

앞에서 살펴본 바와 같이 예를 들어 고유 상품의 경우에 있어서 구매자(소비자) 혹은 판매자(공급자)가 아주 소수일 때에는 정보 검색비용이 훨씬 많이 들게 되는 상황이 발생할 수 있다. 이 경우에 있어서 거래의 중앙 집중화로 정보 검색비용을 줄일 수 있다.

즉, 〈그림 5–23〉에서와 같이 고유 상품의 경우 거래의 중앙 집중화에 따른 정보 검색비용의 감소 효과를 설명할 수 있다. 여기서 C점을 지나는 곡선의 비용수준에서 적은 폭의 거래의 중앙 집중화로 인하여 정보 검색비용이 적게 줄어들 경우 B점을 지나는 곡선으로 이동할 수 있다. 동일한 고유 상품의 경우 B라는 점을 지나는 곡선의 형태에서 거래의 중앙 집중화가 더 진전을 이루어서 효과를 발휘하면 더욱 정보 검색비용이 줄어들어 A라는 점을 지나는 곡선의 형태로 이동할 수 있다.

고유 상품의 경우 거래의 중앙 집중화

고유 상품의 경우 거래의 중앙 집중화의 효과

낮은 가격으로 구매자가
구매를 하고 판매자는
이전보다 높은 가격으로
판매 가능

규모 경제의 달성 가능

| 그림 5-24 | 고유 상품의 경우 거래의 중앙 집중화 효과의 관계

| 표 5-8 | 고유 상품의 경우 거래의 중앙 집중화의 효과

	내 용
고유 상품의 경우 거래의 중앙 집중화의 효과	• 고유 상품의 경우 거래의 중앙 집중화는 정보 검색비용의 하락으로 인하여 낮은 가격으로 구매자(소비자)가 구매를 하고 판매자(공급자)는 이전보다 높은 가격으로 판매하는 것이 가능해질 수 있다. • 거래의 중앙 집중화에 따른 시장의 형성으로 규모 경제의 달성이 가능해져서 기업들은 가격의 상승을 초래하지 않고 판매량에 대하여 증가현상을 발생시킬 수 있는 것이다. • 이 경우 다수의 판매자들이 존재하여 서로 경쟁을 하여 가격을 인상시키려는 가격에 대한 분산이 줄어들게 된다. • 즉, 구매자들은 정보 검색비용의 하락으로 정보 검색이 늘어나게 되어 이전보다 낮은 가격으로 구매가 가능하게 되고, 판매자들은 정보 검색비용의 하락으로 구매자들이 늘어나 결국 이전보다 더 높은 가격으로 판매가 가능해지는 것이다.

고유 상품의 경우 거래의 중앙 집중화는 정보 검색비용의 하락으로 인하여 낮은 가격으로 구매자(소비자)가 구매를 하고 판매자(공급자)는 이전보다 높은 가격으로 판매하는 것이 가능해질 수 있다. 이와 같은 거래의 중앙 집중화에 따른 시장의 형성으로 규모 경제의 달성이 가능해져서 기업들은 가격의 상승을 초래하지 않고 판매량에 대하여 증가현상을 발생시킬 수 있는 것이다. 그리고 이 경우 다수의 판매자들이 존재하여 서로 경쟁을 하여 가격을 인상시키려는 가격에 대한 분산이 줄어들게

된다. 즉, 구매자들은 정보 검색비용의 하락으로 정보 검색이 늘어나게 되어 이전보다 낮은 가격으로 구매가 가능하게 되고, 판매자들은 정보 검색비용의 하락으로 구매자들이 늘어나 결국 이전보다 더 높은 가격으로 판매가 가능해지는 것이다.

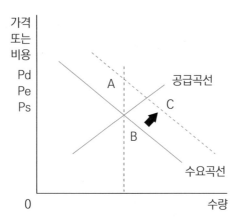

| 그림 5-25 | 고유 상품의 경우 거래의 중앙 집중화와 가격 변화의 관계

고유 상품의 경우 거래의 중앙 집중화는 정보 검색비용의 하락으로 인하여 낮은 가격으로 구매자가 구매를 하고 판매자가 이전보다 높은 가격으로 판매하는 것이 가능하다. 〈그림 5-25〉로 이와 같은 관계를 설명할 수 있다. A점과 같이 Pd수준의 높은 비용을 지불하는 구매자와 B점과 같이 낮은 Ps 가격수준에서 판매를 하던 판매자가 있다고 가정하자. 그리고 이 때의 정보 검색비용은 A와 B 사이의 구간(interval)에 놓여 있다고 가정하자. 이와 같이 고유 상품, 즉 희귀 상품의 경우 구매자와 판매자들이 흩어져 있어서 서로 상대방(counterpart)을 구하기가 쉽지 않기 때문에 정보 검색비용이 높을 수 있다. 하지만 고유 상품의 경우 거래의 중앙 집중화가 달성되면 C점에서와 같이 구매자가 A수준만큼 지불하던 것보다 낮은 가격인 Pe 수준에서 구매를 하고, 판매자도 이전의 판매로 인하여 벌어들이던 수준인 Ps 보다는 높은 Pe 수준에서 판매 가격을 얻을 수 있는 것이다. 따라서 구매자와 판매자 모두에게 윈-윈(win-win)하는 게임의 양상으로 바뀌게 되는 것이다.

〈그림 5-26〉에는 2007년부터 2016년까지의 섬유제품 제조업; 의복제외 사업체 수(단위: 개)(좌)와 섬유제품 제조업; 의복제외 종사자수(단위: 명)(우)의 동향이 나와

있다. 또한 〈그림 5-27〉에는 2007년부터 2016년까지의 의복, 의복액세서리 및 모피제품 제조업 사업체수(단위: 개)(좌)와 의복, 의복액세서리 및 모피제품 제조업 종사자수(단위: 명)(우)의 동향이 나타나 있다. 각각의 자료 출처는 한국은행의 경제통계검색시스템[간편검색]에 의하여 나타낸 것이다.

〈그림 5-26〉과 〈그림 5-27〉의 경우 각각 섬유제품 제조업; 의복제외 및 의복, 의복액세서리 및 모피제품 제조업의 각각 사업체수와 종사자수가 나타나 있는데, 모두 감소추세를 나타내고 있다. 따라서 이들 분야에 투자하는 기업들은 투자 전략상에 있어서 향후 추세도 이와 같이 전개될 수 있는지에 대하여 세밀한 분석과 조사가 이루어져야 한다는 판단이다. 이와 같이 전통적인 섬유 및 의복관련 산업은 첨단 부가가치 측면에서 경쟁력이 한국의 산업전체에서 떨어지고 있는 것은 사실이다. 특히 무엇보다 최저임금의 인상과 같은 정책변화에도 어떠한 영향을 받는지 또는 받지 않는지 등에 대한 사실관계 파악도 중요하다.

하지만 섬유 및 의복관련 산업이 모두 낙후된 산업이라는 인식은 버려야 한다. 그 이유로 섬유 중에서도 스마트섬유와 같은 기능성섬유는 4차 산업과 연관되는 첨단의 부가가치 업종에 포함되기 때문이다. 예를 들어 물고기를 잡는 어업(fishing)에 사용되는 밧줄을 비롯하여 섬유는 무궁무진하게 첨단 제품으로 탈바꿈하는 산업도 포함하고 있기 때문이다. 의복도 첨단군복 및 기능성의복과 같이 옷을 입으면 건강 체크도 된다든지 압박붕대 역할을 하는 등 다양한 형태의 4차 산업의 형태로 진화하고 있다.

이 밖에도 블록체인, 암호화폐, 가상화폐, ICO 등과 로봇, 인공지능, 자율주행차, 신재생에너지사업, 유헬스산업, 2차전지 등과 같은 새로운 4차 산업혁명과 관련된 분야와도 융합을 도모해 나가야 한다.

예를 들어 일부 선진국의 경우 인건비가 비싼 관계로 자본집약적(capital intensive) 산업보다 노동집약적(labor intensive) 산업으로서의 섬유나 의복은 상대적으로 소외되지만 노동력이 많은 관계로 이익집단의 형태로 의사분출을 하고 자국 내의 정책에 반영하는 힘을 가지기도 한다. 이와 같이 국내 산업 내에서도 경제논리 이외에도 정책에 영향을 미칠 수 있는 요소들이 얼마든지 있어서 실제 집행되는 정책까지는 많은 변화가 있을 수 있다. 따라서 낙후된 산업이라는 것은 사실상 없다고 보아도 된다.

또한 국제무역이나 국제경영과 같이 외국과의 협력 관계 또는 생산기지로 인하여 규모 경제도 이룩한다면 또 다른 산업의 경쟁력을 회복하는 원동력이 될 수도 있다.

이에 따라 국내외 관세정책을 비롯하여 FTA 협정 동향 등과 국내 정책변화 가능성 등 무수히 많은 전략적인 요소들과 관련해 전략과 게임의 법칙 차원에서 잘 대처하는 대응방법 등이 필요한 상황이다.

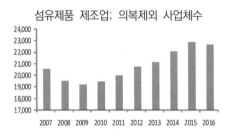

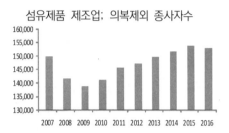

| 그림 5-26 | 2007년부터 2016년까지의 섬유제품 제조업; 의복제외 사업체수(단위: 개)(좌)와 섬유제품 제조업; 의복제외 종사자수(단위: 명)(우)의 동향

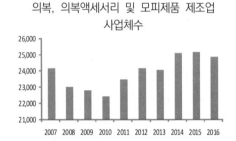

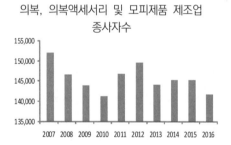

| 그림 5-27 | 2007년부터 2016년까지의 의복, 의복액세서리 및 모피제품 제조업 사업체수(단위: 개)(좌)와 의복, 의복액세서리 및 모피제품 제조업 종사자수(단위: 명)(우)의 동향

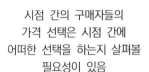

시점 간의 구매자들의 가격 선택

시점 간의 구매자들의
가격 선택은 시점 간에
어떠한 선택을 하는지 살펴볼
필요성이 있음

거래의 중앙 집중화로 인하여
정보 검색과 관련하여 거래의
중앙 집중화 달성의 초기에 낮은
가격으로 거래가 이루어지고
시간이 지나도 지속적 하락은 이루어지지 않음

| 그림 5-28 | 시점 간의 구매자들의 가격 선택의 관계도

| 표 5-9 | 시점 간의 구매자들의 가격 선택

	내 용
시점 간의 구매자들의 가격 선택	• 시점 간의 구매자들의 가격 선택은 시점 간에 어떠한 선택을 하는지 알아볼 필요가 있다. • 이에 대하여는 경험적으로 이와 같은 거래의 중앙 집중화가 이루어지게 되는 초기에 보다 많은 구매자들이 관심을 갖고 정보 검색에 참여하게 되어 초기에 낮은 가격으로 거래가 이루어지고, 시간이 많이 지나도 지속적으로 가격 하락이 이루어지지는 않는 것으로 알려져 있다.

　시점 간의 구매자들의 가격 선택은 시점 간에 어떠한 선택을 하는지 알아볼 필요가 있다. 이에 대하여는 경험적으로 이와 같은 거래의 중앙 집중화가 이루어지게 되는 초기에 보다 많은 구매자들이 관심을 갖고 정보 검색에 참여하게 되어 초기에 낮은 가격으로 거래가 이루어지고, 시간이 많이 지나도 지속적으로 가격 하락이 이루어지지는 않는 것으로 알려져 있다.

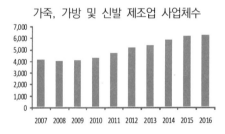

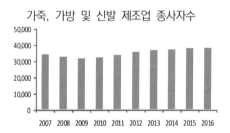

| 그림 5-29 | 2007년부터 2016년까지의 가죽, 가방 및 신발 제조업 사업체수(단위: 개)(좌)와 가죽, 가방 및 신발 제조업 종사자수(단위: 명)(우)의 동향

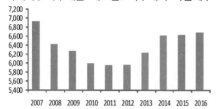

목재 및 나무제품 제조업; 가구제외 사업체수

목재 및 나무제품 제조업; 가구제외 종사자수

| 그림 5-30 | 2007년부터 2016년까지의 목재 및 나무제품 제조업; 가구제외 사업체수(단위: 개)(좌)와 목재 및 나무제품 제조업; 가구제외 종사자수(단위: 명)(우)의 동향

〈그림 5-29〉에는 2007년부터 2016년까지의 가죽, 가방 및 신발 제조업 사업체수(단위: 개)(좌)와 가죽, 가방 및 신발 제조업 종사자수(단위: 명)(우)의 동향이 나타나있다. 또한 〈그림 5-30〉에는 2007년부터 2016년까지의 목재 및 나무제품 제조업; 가구제외 사업체수(단위: 개)(좌)와 목재 및 나무제품 제조업; 가구제외 종사자수(단위: 명)(우)의 동향이 나타나 있다. 각각의 자료 출처는 한국은행의 경제통계검색시스템[간편검색]에 의하여 나타낸 것이다.

〈그림 5-29〉와 〈그림 5-30〉의 경우 각각 가죽, 가방 및 신발 제조업과 목재및 나무제품 제조업; 가구제외의 각각 사업체수와 종사자수가 나타나 있는데, 모두증가추세를 보이고 있다. 이에 따라 이들 분야에 투자하는 기업들은 투자 전략상에있어서 향후 추세도 이와 같이 전개될 수 있는지에 대하여 세밀한 분석과 조사가이루어져야 한다는 판단이다.

특히 목재와 같은 부분은 해외시장(overseas market)의 동향에도 귀 기울여야 한다. 이 중에서도 인도네시아와 같은 신흥시장의 동향이 무엇보다 중요하며, 그 나라와의 환율관계를 비롯한 무역 및 자국의 경제성장률 등 모든 지표들을 샅샅이파악해 나가야 한다.

그리고 미국의 금리인상을 비롯하여 유가 동향과 미국과 중국 간의 무역관계 등모든 통상(trade)과 관련하여 한국의 경제상황에 미칠 수 있는 영향도 점검해 나가야 한다.

이 밖에도 현대는 모든 산업분야들이 융합을 해 나가는 시대이므로 스마트 팩토리(smart factory)를 비롯한 IoT, 블록체인, 암호화폐, 가상화폐, ICO 등과 로봇, 인공지능, 자율주행차, 신재생에너지사업, 유헬스산업, 2차전지 등과 같은 새로운 4차 산업혁명과 관련된 분야의 동향도 파악해 나가야 한다.

그리고 가죽과 가방, 신발의 경우에는 최저임금 정책과 같은 국내적인 경제정책의 이슈를 민감하게 들여다 볼 필요가 있다. 예를 들어 일부 선진국의 경우 인건비가 비싼 관계로 자본집약적(capital intensive) 산업보다 노동집약적(labor intensive) 산업으로서 상대적으로 소외되지만 노동력이 많은 관계로 이익집단의 형태로 의사분출을 하고 자국 내의 정책에 반영하는 힘을 가지기도 한다. 이처럼 국내 산업 내에서도 경제논리 이외에도 정책에 영향을 미칠 수 있는 요소들이 얼마든지 있어서 실제 집행되는 정책까지는 많은 변화가 있을 수 있는 것이다. 이에 따라 낙후된 산업이라는 것은 사실상 없다고 판단할 수도 있다.

한편 이들 국가들과의 국제무역이나 국제경영과 같이 외국과의 협력 관계 또는 생산기지로 인하여 규모 경제가 이룩된다면 또 다른 산업의 경쟁력을 회복하는 원동력이 될 수도 있다.

따라서 국내외 관세정책을 비롯하여 FTA 협정 동향 등과 자국 내의 정책변화 가능성 등 무수히 많은 전략적인 요소들과 관련해 전략과 게임의 법칙 차원에서 잘 대처해 나가는 것이 필요한 상황이다.

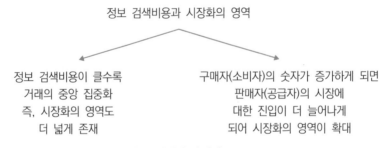

| 그림 5-31 | 정보 검색비용과 시장화의 영역의 관계성

| 표 5-10 | 정보 검색비용과 시장화의 영역

	내 용
정보 검색비용과 시장화의 영역	• 정보 검색비용이 클수록 거래의 중앙 집중화, 즉 시장화의 영역도 더 넓게 존재하게 된다. • 구매자(소비자)의 숫자가 증가하게 되면 판매자(공급자)의 시장에 대한 진입이 더 늘어나게 되어 시장화의 영역이 확대되는 것이다.

정보 검색비용이 클수록 거래의 중앙 집중화, 즉 시장화의 영역도 더 넓게 존재하게 된다. 즉, 구매자(소비자)의 숫자가 증가하게 되면 판매자(공급자)의 시장에 대한 진입이 더 늘어나게 되어 시장화의 영역이 확대되는 것이다.

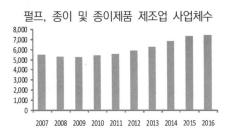
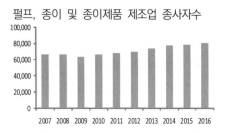

| 그림 5-32 | 2007년부터 2016년까지의 펄프, 종이 및 종이제품 제조업 사업체수(단위: 개)(좌)와 펄프, 종이 및 종이제품 제조업 종사자수(단위: 명)(우)의 동향

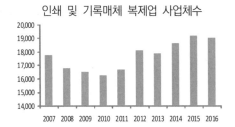
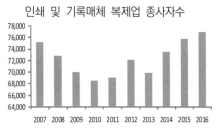

| 그림 5-33 | 2007년부터 2016년까지의 인쇄 및 기록매체 복제업 사업체수(단위: 개)(좌)와 인쇄 및 기록매체 복제업 종사자수(단위: 명)(우)의 동향

〈그림 5-32〉에는 2007년부터 2016년까지의 펄프, 종이 및 종이제품 제조업 사업체수(단위: 개)(좌)와 펄프, 종이 및 종이제품 제조업 종사자수(단위: 명)(우)의 동향이 나타나 있다. 그리고 〈그림 5-33〉에는 2007년부터 2016년까지의 인쇄 및 기록매체 복제업 사업체수(단위: 개)(좌)와 인쇄 및 기록매체 복제업 종사자수(단위: 명)(우)의 동향이 나와 있다. 각각의 자료 출처는 한국은행의 경제통계검색시스템[간편검색]에 의하여 나타낸 것이다.

〈그림 5-32〉와 〈그림 5-33〉의 경우 각각 펄프, 종이 및 종이제품 제조업과 인쇄 및 기록매체 복제업의 각각 사업체수와 종사자수가 나타나 있는데, 인쇄 및 기

록매체 복제업의 사업체수를 제외하고는 모두 증가추세를 보이고 있다. 이에 따라 이들 분야에 투자하는 기업들은 투자 전략상에 있어서 향후 추세도 이와 같이 전개될 수 있는지에 대하여 세밀한 분석과 조사가 이루어져야 할 것으로 보인다.

특히 펄프와 종이 소재는 원목 등으로 대부분 해외시장에 의존하고 있으므로 인도네시아를 비롯한 신흥시장(emerging market)의 경기변동 등에 주의를 기울여야 한다. 즉, 이들 지역의 환율을 비롯한 각종 자국 내의 경제적인 이슈 등에도 민감하게 대처해 나가야 한다.

그리고 미국의 금리인상을 비롯하여 유가 동향과 미국과 중국 간의 무역관계 등 모든 통상과 관련하여 한국의 경제상황에 미칠 수 있는 영향도 점검해 나가야 한다. 선진국과 실물경제 및 금융시장의 동조화가 이루어져 있기 때문이다.

또한 현재 모든 산업분야들이 융합을 해 나가는 시대이므로 스마트 팩토리를 비롯한 IoT, 블록체인, 암호화폐, 가상화폐, ICO 등과 로봇, 인공지능, 자율주행차, 신재생에너지사업, 유헬스산업, 2차전지 등과 같은 새로운 4차 산업혁명과 관련된 분야의 동향도 파악해 나가야 할 것이다.

이들 산업들은 1차 산업 등에 해당하므로 최저임금 정책과 같은 국내적인 경제정책의 이슈도 민감하게 들여다 볼 필요가 있다. 국내 산업 내에서도 경제논리 이외에도 정책에 영향을 미칠 수 있는 요소들이 얼마든지 있어서 실제 집행되는 정책까지는 많은 변화가 있을 수 있다. 따라서 사실상 경제적으로 비중이 낮은 산업이라는 것은 없고 모두 연결되어 있으므로 정부 정책과 산업의 변화 등 모든 것을 주시하여야 한다.

또한 국제무역이나 국제경영과 같이 외국과의 협력 관계 또는 생산기지로 인하여 규모 경제가 이룩된다면 또 다른 산업의 경쟁력을 회복하는 원동력이 될 수도 있다. 이와 같이 자국 내의 이들 산업에 미치는 영향은 단순하게 전개되지 않고 있다.

이에 따라 국내외 관세정책을 비롯하여 FTA 협정 동향 등과 자국 내의 정책변화 가능성 등 무수히 많은 전략적인 요소들과 관련해 전략과 게임의 법칙 차원에서 잘 대응해 나가는 것이 무엇보다 중요한 상황인 것이다.

가격에 대한 정보 변경과 가격의 분산 효과

시장의 외부적인 영향으로
가격에 대한 정보가 변경되면,
가격의 분산에 대한 효과가
다시 발생

외생적인 가격 충격요인이
발생하게 되면
시장의 균형에 균열이
발생하게 되어 구매자(소비자)와
판매자(공급자)가
직면하게 되는 조건들이 변화

| 그림 5-34 | 가격에 대한 정보 변경과 가격의 분산 효과 관계

| 표 5-11 | 가격에 대한 정보 변경과 가격의 분산 효과

	내 용
가격에 대한 정보 변경과 가격의 분산 효과	• 시장에 외부적인 영향으로 가격에 대한 정보가 변경되면, 가격의 분산에 대한 효과가 다시 발생하게 된다. • 외생적인 가격 충격요인이 발생하게 되면 시장의 균형에 균열이 발생하게 되어 구매자(소비자)와 판매자(공급자)가 직면하게 되는 조건들이 변화하게 되는 것이다.

시장에 외부적인 영향으로 가격에 대한 정보가 변경되면, 가격의 분산에 대한 효과가 다시 발생하게 된다. 즉, 외생적인 가격 충격요인이 발생하게 되면 시장의 균형에 균열이 발생하게 되어 구매자(소비자)와 판매자(공급자)가 직면하게 되는 조건들이 변화하게 되는 것이다. 다른 예로써 수요의 가격에 미치는 영향을 살펴보면, 구매력(purchasing power)을 수반한 인구의 크기, 기호(taste), 대체재(substitute goods) 및 보완재(supplementary goods) 등의 변화에 따라 가격이 변화하게 되는 것을 알 수 있다.

〈그림 5-35〉에는 2007년부터 2016년까지의 코크스, 연탄 및 석유정제품 제조업 사업체수(단위: 개)(좌)와 코크스, 연탄 및 석유정제품 제조업 종사자수(단위: 명)(우)의 동향이 나와 있다. 또한 〈그림 5-36〉에는 2007년부터 2016년까지의 화학물질 및 화학제품 제조업; 의약품 제외 사업체수(단위: 개)(좌)와 화학물질 및 화학제품 제조업; 의약품 제외 종사자수(단위: 명)(우)의 동향이 나타나 있다. 각각의 자료 출

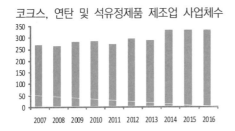
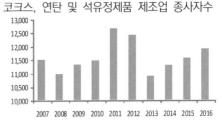

| 그림 5-35 | 2007년부터 2016년까지의 코크스, 연탄 및 석유정제품 제조업 사업체수(단위: 개)(좌)와 코크스, 연탄 및 석유정제품 제조업 종사자수(단위: 명)(우)의 동향

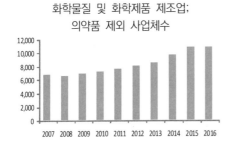
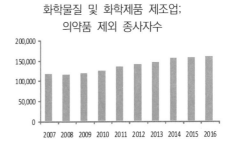

| 그림 5-36 | 2007년부터 2016년까지의 화학물질 및 화학제품 제조업; 의약품 제외 사업체수(단위: 개)(좌)와 화학물질 및 화학제품 제조업; 의약품 제외 종사자수(단위: 명)(우)의 동향

처는 한국은행의 경제통계검색시스템[간편검색]에 의하여 나타낸 것이다.

〈그림 5-35〉와 〈그림 5-36〉의 경우 각각 코크스, 연탄 및 석유정제품 제조업과 화학물질 및 화학제품 제조업; 의약품 제외의 각각 사업체수와 종사자수가 나타나 있는데, 이들의 모든 사업체수와 종사자수가 증가세를 나타내고 있다. 따라서 이들 분야에 투자하는 기업들은 투자 전략상에 있어서 향후 추세도 이와 같이 전개될 수 있는지에 대하여 면밀한 분석과 조사가 필요하다.

한편 연탄과 석유정제품과 같은 화석연료에 대한 비중을 세계적으로 온실가스 배출 감소에 따른 규제의 영향으로 인하여 향후 점차적으로 줄여나가야 한다. 이와 같은 세계적인 추세와 UN의 노력 등에 대하여 잘 살펴볼 필요가 있다.

또한 이들 산업들도 미국의 금리인상을 비롯하여 유가 동향과 미국과 중국 간의 무역관계 등 모든 통상과 관련하여 한국의 경제상황에 미칠 수 있는 영향도 주시해야 한다. 그리고 이들 제품들이 해외에 대한 의존도가 높기 때문에 다른 산업들에 비하여 해외 동향의 변화에 민감하게 반응할 필요가 있다.

그리고 현재 모든 산업분야들이 융합을 해 나가는 시대이므로 스마트 팩토리를 비롯한 IoT, 블록체인, 암호화폐, 가상화폐, ICO 등과 로봇, 인공지능, 자율주행차, 신재생에너지사업, 유헬스산업, 2차전지 등과 같은 새로운 4차 산업혁명과 관련된 분야 등에 대한 동향 파악도 지속해 나가야 한다.

더욱이 국제무역이나 국제경영과 같이 외국과의 협력 관계 또는 생산기지로 인하여 규모 경제가 이룩된다면 또 다른 산업의 경쟁력을 회복하는 원동력이 될 수도 있고 고부가 가치의 제품들에 대한 과감한 투자도 필요하다.

따라서 국내외 관세정책을 비롯하여 FTA 협정 동향 등과 자국 내의 정책변화 가능성 등 무수히 많은 전략적인 요소들과 관련해 전략과 게임의 법칙 차원에서 잘 대응해 나가는 것이 무엇보다 중요하다.

외생적인 가격 충격의 영향

| 구매자와 판매자의 시장에서의 매수 및 매도의 양측면 모두로부터 불확실성의 증대를 초래 | 수요와 공급에 의하여 결정되는 시장의 가격 메커니즘에 균열이 발생하여 시장의 가격 불안정이 초래되고 시장의 가격에 대한 분산효과가 커지게 됨 |

| 그림 5-37 | 외생적인 가격 충격의 파급효과

| 표 5-12 | 외생적인 가격 충격의 영향

	내 용
외생적인 가격 충격의 영향	• 외생적인 가격 충격요인이 발생하게 되면 구매자와 판매자의 시장에서의 매수 및 매도의 양측면 모두로부터 불확실성의 증대를 초래하게 되는 것이다. • 수요와 공급에 의하여 결정되는 시장의 가격 메커니즘(mechanism)에 균열이 발생하여 시장의 가격 불안정이 초래되고 시장의 가격에 대한 분산효과가 커지게 되는 것이다.

이와 같이 외생적인 가격 충격요인이 발생하게 되면 구매자와 판매자의 시장에서의 매수 및 매도의 양측면 모두로부터 불확실성의 증대를 초래하게 되는 것이다. 따라서 수요와 공급에 의하여 결정되는 시장의 가격 메커니즘(mechanism)에 균열이 발생하여 시장의 가격 불안정이 초래되고 시장의 가격에 대한 분산효과가 커지게 되는 것이다.

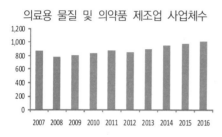
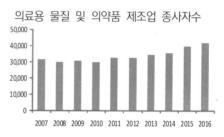

| 그림 5-38 | 2007년부터 2016년까지의 의료용 물질 및 의약품 제조업 사업체수(단위: 개)(좌)와 의료용 물질 및 의약품 제조업 종사자수(단위: 명)(우)의 동향

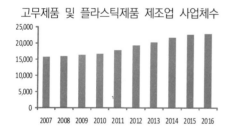
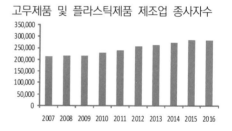

| 그림 5-39 | 2007년부터 2016년까지의 고무제품 및 플라스틱제품 제조업 사업체수(단위: 개)(좌)와 고무제품 및 플라스틱제품 제조업 종사자수(단위: 명)(우)의 동향

〈그림 5-38〉에는 2007년부터 2016년까지의 의료용 물질 및 의약품 제조업 사업체수(단위: 개)(좌)와 의료용 물질 및 의약품 제조업 종사자수(단위: 명)(우)의 동향이 나타나 있다. 그리고 〈그림 5-39〉에는 2007년부터 2016년까지의 고무제품 및 플라스틱제품 제조업 사업체수(단위: 개)(좌)와 고무제품 및 플라스틱제품 제조업 종사자수(단위: 명)(우)의 동향이 나와 있다. 각각의 자료 출처는 한국은행의 경제통계검색시스템[간편검색]에 의하여 나타낸 것이다.

〈그림 5-38〉과 〈그림 5-39〉의 경우 각각 의료용 물질 및 의약품 제조업과 고무제품 및 플라스틱제품 제조업의 각각 사업체수와 종사자수가 나타나 있는데, 고무제품 및 플라스틱제품 제조업의 종사자수를 제외하고는 모두 증가추세를 보이고 있다. 이에 따라 이들 분야에 투자하는 기업들은 투자 전략상에 있어서 향후 추세도 이와 같이 전개될 수 있는지에 대한 분석과 조사가 뒤따라야 한다.

의료용 물질 및 의약품 제조업과 관련하여서는 이미 유럽시장에서 선풍적인 인기를 끄는 한국 기업의 제품인 관절염 치료약품이 있듯이 부가가치가 높은 유망한 분야이므로 적극적으로 투자에 관심을 보일 필요가 있다.

이들 산업들도 미국의 금리인상을 비롯하여 유가 동향과 미국과 중국 간의 무역관계 등 모든 통상과 관련하여 한국의 경제상황에 미칠 수 있는 영향을 잘 살펴보아야 한다. 그리고 이들 제품들이 수입 측면 등에서 해외에 대한 의존도가 높기 때문에 해외 동향의 변화에 다른 산업들에 비하여 민감하게 반응할 필요성이 있다.

또한 모든 산업분야들이 융합을 해 나가는 시대이므로 스마트 팩토리를 비롯한 IoT, 블록체인, 암호화폐, 가상화폐, ICO 등과 로봇, 인공지능, 자율주행차, 신재생에너지사업, 유헬스산업, 2차전지 등과 같은 새로운 4차 산업혁명과 관련된 분야 등에 대한 동향 파악도 지속해 나가야 한다. 유헬스(U-Health) 산업의 경우에도 이전에 비하여 진일보하고 있는 측면이 있으므로 의료용 물질 및 약품 제조업 산업과 함께 발전해 나갈 것이다.

이에 따라 국내외 관세정책을 비롯하여 FTA 협정 동향 등과 자국 내의 정책변화 가능성 등 무수히 많은 전략적인 요소들과 관련하여 전략과 게임의 법칙 차원에서 잘 대응해 나갈 필요성이 있다.

CHAPTER 06 정보와 시장의 변화 가능성 및 효율성

제1절 정보와 시장의 변화 가능성

정보와 시장의 변화 가능성

시장의 영역이 확대되면
새로운 구매자들이
시장에 진입

구매자 측면의 시장 진입자들은
이질적인 정보에 의하여
판매자들보다 정보에 있어서 취약

| 그림 6-1 | 정보와 시장의 변화 가능성의 흐름도

　시장의 영역이 확대되면 새로운 구매자들이 시장에 진입하게 된다. 이와 같은 구매자 측면의 시장 진입자들은 이질적인 정보에 의하여 판매자들보다 정보에 있어서 취약한 구조를 갖게 된다. 이에 따라 판매자들의 정보 우위에 따른 가격이 상승하게 될 수도 있다.

　이 경우 과거의 구매자들은 이와 같은 가격상승이 무슨 요인에 의하여 발생하였는지 모를 수도 있다. 이에 따라 기존의 과거 구매자들이 이 시장에서 탈퇴할 수도 있다. 이와 같이 기존의 과거 구매자들의 탈퇴에 대처하여 판매자들은 메뉴 비용(menu cost)에 따라 장기고객의 유치에 따른 유인이 더 큰 이익을 가져오게 될 것이라고 예측하여 가격을 바꾸지 않을 수도 있다.

이는 장기고객의 이탈에 따른 불이익이 가격상승에 따라 얻는 이익보다 크다는 판단이 생길 경우에 이와 같은 현상이 발생할 수 있다. 이와 같이 가격상승이 무조건 기업에게 이익만을 생성하지 않을 수도 있는 것이며, 이에 따라 기업들은 가격 인상에서의 이익이 더 적을 경우 가격을 인상시킬 이유가 없어지는 것이다.

| 표 6-1 | 정보와 시장의 변화 가능성

	내 용
정보와 시장의 변화 가능성	• 시장의 영역이 확대되면 새로운 구매자들이 시장에 진입하게 된다. • 이와 같은 구매자 측면의 시장 진입자들은 이질적인 정보에 의하여 판매자들보다 정보에 있어서 취약한 구조를 갖게 된다. • 이에 따라 판매자들의 정보 우위에 따른 가격이 상승하게 될 수도 있다. • 이 경우 과거의 구매자들은 이와 같은 가격상승이 무슨 요인에 의하여 발생하였는지 모를 수도 있다. • 이에 따라 기존의 과거 구매자들이 이 시장에서 탈퇴할 수도 있다. • 이와 같이 기존의 과거 구매자들의 탈퇴에 대처하여 판매자들은 메뉴 비용(menu cost)에 따라 장기고객의 유치에 따른 유인이 더 큰 이익을 가져오게 될 것이라고 예측하여 가격을 바꾸지 않을 수도 있다.

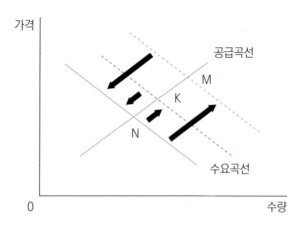

| 그림 6-2 | 가격 인상과 수요곡선의 이동

기존의 과거 구매자들의 탈퇴에 대처하여 판매자들이 메뉴 비용에 따라 장기고객의 유치에 따른 유인이 더 큰 이익을 가져오게 될 것이라고 예측하여 가격을 바꾸지 않을 수도 있다는 것은 〈그림 6-2〉와 같이 이루어진다. N점을 지나는 수요

곡선이 있을 경우 가격인상에 따라 K점을 지나는 곡선으로 이동할 수 있다. 하지만 앞의 예에서와 같이 장기고객의 이탈을 방지하기 위하여 다시 N점을 지나는 곡선은 가격을 하락시킬 수 있다는 것이다. 이번에는 N점을 지나는 수요곡선이 있을 경우보다 가격을 인상시킬 수 있는 폭이 K점보다 커서 M점으로 수요곡선을 이동시켰다고 가정하자. 이 경우에도 앞의 설명과 마찬가지로 장기고객의 이탈에 따른 손실이 가격을 인상시켰을 때 이익보다 크다면 다시 N점을 지나는 곡선으로 가격을 하락시킬 수 있다는 것이다.

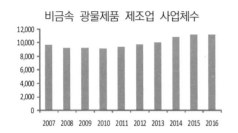

| 그림 6-3 | 2007년부터 2016년까지의 비금속 광물제품 제조업 사업체수(단위: 개)(좌)와 비금속 광물제품 제조업 종사자수(단위: 명)(우)의 동향

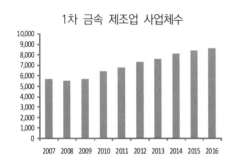
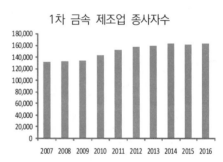

| 그림 6-4 | 2007년부터 2016년까지의 1차 금속 제조업 사업체수(단위: 개)(좌)와 1차 금속 제조업 종사자수(단위: 명)(우)의 동향

〈그림 6-3〉에는 2007년부터 2016년까지의 비금속 광물제품 제조업 사업체수(단위: 개)(좌)와 비금속 광물제품 제조업 종사자수(단위: 명)(우)의 동향이 나타나 있다. 그리고 〈그림 6-4〉에는 2007년부터 2016년까지의 1차 금속 제조업 사업체수(단위: 개)(좌)와 1차 금속 제조업 종사자수(단위: 명)(우)의 동향이 나와 있다. 각각의

자료 출처는 한국은행의 경제통계검색시스템[간편검색]에 의하여 나타낸 것이다.

〈그림 6-3〉과 〈그림 6-4〉의 경우 각각 비금속 광물제품 제조업과 1차 금속 제조업의 각각 사업체수와 종사자수가 나타나 있는데, 비금속 광물제품 제조업의 사업체수를 제외하고는 증가하는 추세를 나타내고 있다. 이에 따라 이들 분야에 투자하는 기업들은 투자 전략상에 있어서 향후 추세가 이후 증가 추세를 이어갈 수 있는지에 대한 분석과 조사가 이어져야 한다.

한국은 자원이 부족한 나라로서 1차 산업과 관련된 제조에서 정밀가공의 세련 등이 독일이나 일본보다 뒤처져 있는 것이 현실이다. 이에 따라 한국에서도 고유의 전통적인 산업과 정밀가공 분야의 세련도와 관련된 업무를 지속해야 하는 것이 현실이다.

이와 같은 제품들도 수출지향적인 한국의 정책에 따라 미국의 금리인상을 비롯하여 유가 동향과 미국과 중국 간의 무역관계 등 모든 통상, 관세동향 등과 관련해 한국의 경제상황에 미칠 수 있는 영향도 잘 알아보아야 한다.

그리고 이와 관련된 모든 산업분야들도 융합을 해 나가는 시대이므로 스마트 팩토리를 비롯한 IoT, 블록체인, 암호화폐, 가상화폐, ICO 등과 로봇, 인공지능, 자율주행차, 신재생에너지사업, 유헬스산업, 2차전지 등과 같은 새로운 4차 산업혁명과 관련된 분야 등에 대한 동향 파악도 지속적으로 이루어져야 한다.

결과적으로 국내외 관세정책을 비롯하여 FTA 협정 동향 등과 자국 내의 정책변화 가능성, 현 정부의 자원과 관련된 정책, 지정학적인 요인 등 무수히 많은 전략적인 요소들과 관련하여 전략과 게임의 법칙 차원에서 잘 대처해 나가야 한다.

시장에 대한 정보 수집과 보급능력에 의한 독점적인 기업의 등장

시장의 규모 및 시장의 참가자들이 늘어남에 따라서 시장에 대한 정보 수집과 보급능력에 의하여 독점적인 기업들이 등장

정보의 검색에 대한 독점적인 기업들은 정보에 대하여 수집에 따른 비용에 대해 지불하지만 해외 무역까지 포괄하여 규모 경제를 달성하게 되어 내부에 있어서 수집에 드는 비용이 줄어들게 됨

|그림 6-5| 시장에 대한 정보 수집과 보급능력에 의한 독점적인 기업의 등장 배경

| 표 6-2 | 시장에 대한 정보 수집과 보급능력에 의한 독점적인 기업의 등장

	내 용
시장에 대한 정보 수집과 보급능력에 의한 독점적인 기업의 등장	• 시장의 규모 및 시장의 참가자들이 늘어남에 따라서 시장에 대한 정보 수집과 보급능력에 의하여 독점적인 기업들이 나타날 수도 있다. • 이와 같은 정보의 검색에 대한 독점적인 기업들은 정보에 대하여 수집에 따른 비용에 대해 지불하지만 해외 무역까지 포괄하여 규모 경제를 달성하게 되어 내부에 있어서 수집에 드는 비용이 점차 줄어들게 된다. • 이에 따라 자연 독점적인 기업들로 탈바꿈할 수도 있는 것이다.

시장의 규모 및 시장의 참가자들이 늘어남에 따라서 시장에 대한 정보 수집과 보급능력에 의하여 독점적인 기업들이 나타날 수도 있다. 이와 같은 정보의 검색에 대한 독점적인 기업들은 정보에 대하여 수집에 따른 비용에 대해 지불하지만 해외 무역까지 포괄하여 규모 경제를 달성하게 되어 내부에 있어서 수집에 드는 비용이 점차 줄어들게 된다. 이에 따라 자연 독점적인 기업들로 탈바꿈할 수도 있는 것이다.

시장의 규모 및 시장의 참가자들이 늘어남에 따라서 시장에 대한 정보 수집과 보급능력에 의하여 자연적으로 독점적인 기업들이 나타날 수도 있다. 이와 관련된 것이 〈그림 6-6〉에 나타나 있다. 여기서 어떤 기업은 장기평균비용이 A라는 수준에서 B까지 생산을 해낼 경우 독점(monopoly)의 형태가 되고, 다른 어떤 기업은 C까지 생산을 해낼 경우 독점의 형태가 된다. 그리고 또다른 어떤 기업은 V까지 생산을 해낼 경우 독점의 형태가 되고 있다.

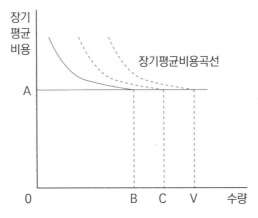

| 그림 6-6 | 자연적인 독점에 이르는 현상

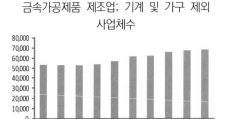
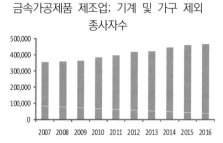

| 그림 6-7 | 2007년부터 2016년까지의 금속가공제품 제조업; 기계 및 가구 제외 사업체수 (단위: 개)(좌)와 금속가공제품 제조업; 기계 및 가구 제외 종사자수(단위: 명) (우)의 동향

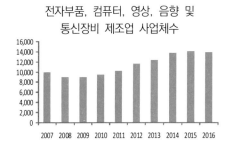
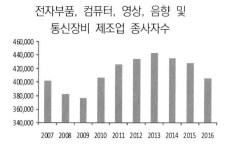

| 그림 6-8 | 2007년부터 2016년까지의 전자부품, 컴퓨터, 영상, 음향 및 통신장비 제조업 사 업체수(단위: 개)(좌)와 전자부품, 컴퓨터, 영상, 음향 및 통신장비 제조업 종사자 수(단위: 명)(우)의 동향

〈그림 6-7〉에는 2007년부터 2016년까지의 금속가공제품 제조업; 기계 및 가구 제외 사업체수(단위: 개)(좌)와 금속가공제품 제조업; 기계 및 가구 제외 종사자수(단위: 명)(우)의 동향이 나와 있다. 또한 〈그림 6-8〉에는 2007년부터 2016년까지의 전자부품, 컴퓨터, 영상, 음향 및 통신장비 제조업 사업체수(단위: 개)(좌)와 전자부품, 컴퓨터, 영상, 음향 및 통신장비 제조업 종사자수(단위: 명)(우)의 동향이 나타나 있다. 각각의 자료 출처는 한국은행의 경제통계검색시스템[간편검색]에 의하여 나타낸 것이다.

〈그림 6-7〉과 〈그림 6-8〉의 경우 각각 금속가공제품 제조업; 기계 및 가구 제외와 전자부품, 컴퓨터, 영상, 음향 및 통신장비 제조업의 각각 사업체수와 종사자수가 나타나 있는데, 전자부품, 컴퓨터, 영상, 음향 및 통신장비 제조업의 각각 사업체수와 종사자수는 감소세를 나타낸 것으로 파악되었다. 따라서 이들 분야에 투

자하는 기업들은 투자 전략상에 있어서 향후 추세도 이와 같이 감소 추세를 이어갈 것인지에 대한 분석과 조사가 이루어져야 한다.

한국의 장점은 그동안 전자제품에 대한 수출을 통하여 막대한 이익을 얻어오고 있는 점이었다. 하지만 2018년에는 중국에서 핸드폰 분야의 경우 고전을 할 수 있다는 통계가 나오고 있는 것이 현실이다. 한국의 주력제품 중에서 거의 세계적으로 유일하게 1등 상품을 꼽는다면 특정 기업의 반도체 정도 밖에 없다고 시장에서 평가받고 있는 시점에서 이와 같은 전자제품을 위주로 한 사업체수와 종사자수의 감소가 이어진다면 좋은 현상과 현실로 판단하기는 어려울 것으로 보인다. 이와 같은 제품들은 특히 대외변수에 의한 영향을 많이 받고 세계경기의 변동에 많은 영향을 받는 것이 현실이다. 따라서 미국의 금리인상을 비롯하여 유가 동향과 미국과 중국 간의 무역관계 등 모든 통상, 관세동향 등과 관련해 한국의 경제상황에 미칠 수 있는 영향도 잘 살펴보아야 한다.

또한 이와 같은 산업분야들에 대하여 융합을 해 나가는 시대이므로 스마트 팩토리를 비롯한 IoT, 블록체인, 암호화폐, 가상화폐, ICO 등과 로봇, 인공지능, 자율주행차, 신재생에너지사업, 유헬스산업, 2차전지 등과 같은 새로운 4차 산업혁명과 관련된 분야 등에 대한 동태 파악도 중요하다.

결과적으로 국내외 금리정책과 관세정책을 비롯하여 FTA 협정 동향 등과 자국 내의 정책변화 가능성, 현 정부의 자원과 관련된 정책, 지정학적인 요인 등 무수히 많은 전략적인 요소들과 관련하여 전략과 게임의 법칙 차원에서 잘 대응해 나가야 할 것으로 판단된다.

이와 같은 거래의 중앙 집중화가 가능한 이유는 결국 정보 검색을 통하여 구매자(소비자)는 구매자에게 최대한 낮은 가격을 추구하고 판매자(공급자)는 구매자들에게 기업들마다 각각 자신들의 가격에 대한 정보 공개 전에 경쟁적인 업체들의 가격수준을 확인하기 위하여 정보 검색을 한다는 것을 가정하고 있는 것이다.

정보 검색에서 광고에 따른 효과는 다음과 같다. 판매자들은 더욱 늘어나는 숫자의 사람들에게 효과적인 가격에 대한 정보를 제공해 줄 수 있게 되는 수단이다. 이와 같은 광고의 효과로는 구매자들이 시장에서 진입과 탈퇴가 자유롭기 때문에 새로이 진입하게 되는 구매자들을 식별하게 되고 기존의 과거 구매자들과의 연결성 유지에도 도움을 주게 된다. 이와 같은 광고의 장점으로는 구매자들에게 정보 검색비용의 감소로 인하여 예상되는 구매의 가격비용을 감소시켜 줄 수 있다는 점이다. 하지만 광고가 정보 검색비용을 완전히 제거할 수는 없고 앞에서도 지적한 바와 같이 광고에 따른 비용도 수반되게 된다.

| 표 6-3 | 정보 검색에서 광고에 따른 효과

	내 용
정보 검색에서 광고에 따른 효과	• 이와 같은 거래의 중앙 집중화가 가능한 이유는 결국 정보 검색을 통하여 구매자(소비자)는 구매자에게 최대한 낮은 가격을 추구하고 판매자(공급자)는 구매자들에게 기업들마다 각각 자신들의 가격에 대한 정보 공개 전에 경쟁적인 업체들의 가격수준을 확인하기 위하여 정보 검색을 한다는 것을 가정하고 있는 것이다. • 정보 검색에서 광고에 따른 효과는 다음과 같다. 판매자들은 더욱 늘어나는 숫자의 사람들에게 효과적인 가격에 대한 정보를 제공해 줄 수 있게 되는 수단이다. 이와 같은 광고의 효과로는 구매자들이 시장에서 진입과 탈퇴가 자유롭기 때문에 새로이 진입하게 되는 구매자들을 식별하게 되고 기존의 과거 구매자들과의 연결성 유지에도 도움을 주게 된다. 이와 같은 광고의 장점으로는 구매자들에게 정보 검색비용의 감소로 인하여 예상되는 구매의 가격비용을 감소시켜 줄 수 있다는 점이다. 하지만 광고가 정보 검색비용을 완전히 제거할 수는 없고 앞에서도 지적한 바와 같이 광고에 따른 비용도 수반되게 된다.

정보 검색에서 광고에 따른 효과

광고의 효과로는 구매자들이 시장에서 진입과 탈퇴가 자유롭기 때문에 새로이 진입하게 되는 구매자들을 식별하게 되고 기존의 과거 구매자들과의 연결성 유지에도 도움을 주게 됨

광고의 장점으로는 구매자들에게 정보 검색비용의 감소로 인하여 예상되는 구매의 가격비용을 감소시켜 줄 수 있다는 점이지만, 광고가 정보 검색비용을 완전히 제거할 수는 없음

| 그림 6-9 | 정보 검색에서 광고에 따른 장점

〈그림 6-10〉에는 2007년부터 2016년까지의 의료, 정밀, 광학기기 및 시계 제조업 사업체수(단위: 개)(좌)와 의료, 정밀, 광학기기 및 시계 제조업 종사자수(단위: 명)(우)의 동향이 나타나 있다. 그리고 〈그림 6-11〉에는 2007년부터 2016년까지의 전

기장비 제조업 사업체수(단위: 개)(좌)와 전기장비 제조업 종사자수(단위: 명)(우)의 동향이 나와 있다. 각각의 자료 출처는 한국은행의 경제통계검색시스템[간편검색]에 의하여 나타낸 것이다.

〈그림 6-10〉과 〈그림 6-11〉의 경우 각각 의료, 정밀, 광학기기 및 시계 제조업과 전기장비 제조업의 각각 사업체수와 종사자수가 나타나 있는데, 모든 데이터에서 증가추세가 나타나는 것을 확인할 수 있다. 이에 따라 이들 분야에 투자하는 기업들은 투자 전략상에 있어서 향후 추세도 이와 같이 증가 추세가 이어질지에 대한 분석과 조사가 뒤따라야 한다.

한국의 장점인 반도체를 비롯한 전자에 있다고 할 경우 4차 산업혁명과 관련하여 유헬스산업을 위시한 의료용 로봇 등과 같이 융합분야와의 발전도 도모해 나가야 한다. 반도체 이외에 특별한 성장동력산업을 찾기 어렵다고 상정할 때 더욱 그러하다. 이들 이외에 IoT, 블록체인, 암호화폐, 가상화폐, ICO 등과 로봇, 인공지능, 자율주행차, 신재생에너지사업, 2차전지 등과 같은 새로운 4차 산업혁명과 관련된 분야 등에 대한 융합적인 발전을 추구하는 것도 중요하다는 판단이다.

한편 이와 같은 제품들은 특히 대외변수에 의한 영향을 많이 받고 세계경기의 변동에 많은 영향을 받는 것이 현실이어서 미국의 금리인상을 비롯하여 유가 동향과 미국과 중국 간의 무역관계 등 모든 통상, 관세동향 등과 관련해 한국의 경제상황에 미칠 수 있는 영향에 대하여 잘 살펴보아야 한다.

결과적으로 국내외 금리정책과 관세정책을 비롯하여 FTA 협정 동향 등과 자국 내의 정책변화 가능성, 현 정부의 자원과 관련된 정책, 지정학적인 요인 등 많은 전략적인 요소들과 관련하여 전략과 게임의 법칙 차원에서 잘 대응해 나가야 한다.

| 그림 6-10 | 2007년부터 2016년까지의 의료, 정밀, 광학기기 및 시계 제조업 사업체수(단위: 개)(좌)와 의료, 정밀, 광학기기 및 시계 제조업 종사자수(단위: 명)(우)의 동향

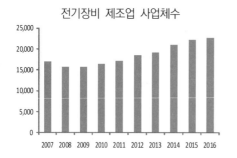
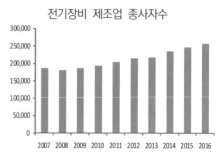

| 그림 6-11 | 2007년부터 2016년까지의 전기장비 제조업 사업체수(단위: 개)(좌)와 전기장비 제조업 종사자수(단위: 명)(우)의 동향

소득분포에 따라 살펴볼 때, 고소득자의 경우에도 정보 검색에 있어서 저소득자보다 더 손쉽고 유리하게 접근할 수도 있어서 소득에 따른 정보 검색의 큰 차이가 존재하지 않을 수도 있다. 이에 따라 컴퓨터나 TV 등의 대중매체를 통한 광고가 직접 대면에 의한 광고보다 더 성장할 수도 있는 측면이 존재한다.

| 표 6-4 | 소득에 따른 정보 검색

	내 용
소득에 따른 정보 검색	• 소득분포에 따라 살펴볼 때, 고소득자의 경우에도 정보 검색에 있어서 저소득자보다 더 손쉽고 유리하게 접근할 수도 있어서 소득에 따른 정보 검색의 큰 차이가 존재하지 않을 수도 있다. • 이에 따라 컴퓨터나 TV 등의 대중매체를 통한 광고가 직접 대면에 의한 광고보다 더 성장할 수도 있는 측면이 존재한다.

소득에 따른 정보 검색

고소득자의 경우에도 정보 검색에 있어서 저소득자보다 더 손쉽고 유리하게 접근할 수도 있어서 소득에 따른 정보 검색의 큰 차이가 존재하지 않을 수도 있음

컴퓨터나 TV 등의 대중매체를 통한 광고가 직접 대면에 의한 광고보다 더 성장할 수도 있는 측면이 존재

| 그림 6-12 | 소득수준의 정보 검색에 대한 영향

〈그림 6-13〉에는 2007년부터 2016년까지의 기타 기계 및 장비 제조업 사업체수(단위: 개)(좌)와 기타 기계 및 장비 제조업 종사자수(단위: 명)(우)의 동향이 나와 있다. 그리고 〈그림 6-14〉에는 2007년부터 2016년까지의 자동차 및 트레일러 제조업 사업체수(단위: 개)(좌)와 자동차 및 트레일러 제조업 종사자수(단위: 명)(우)의 동향이 나타나 있다. 각각의 자료 출처는 한국은행의 경제통계검색시스템[간편검색]에 의하여 나타낸 것이다.

〈그림 6-13〉과 〈그림 6-14〉의 경우 각각 기타 기계 및 장비 제조업과 자동차 및 트레일러 제조업의 각각 사업체수와 종사자수가 나타나 있는데, 자동차 및 트레일러 제조업의 사업체수와 종사자수는 감소한 것을 알 수 있다. 따라서 이들 분야에 투자하는 기업들은 투자 전략상에 있어서 향후 추세도 이와 같은 추세로 이어질 것인지에 대한 분석과 조사가 있어야 한다.

자동차의 경우 반도체와 함께 한국의 주력수출 품목이었다. 그리고 자동차분야가 2018년에 이를 때까지는 세계에서 유수한 자동차 메이커 회사로서 자리매김하였다. 하지만 점차 반도체 정도만이 영업이익 등에서 두각을 나타내고 있다.

자동차의 경우에도 4차 산업혁명의 성과가 나오고 있는 분야와 적극 융합할 필요가 있다. 특히 자율주행차를 비롯하여 향후 유헬스와 연결되는 건강관련 체크 상품들과 점점 로봇화되어 가는 추세 및 IoT가 대표적인 분야이다. 이들 이외에도 한국의 장점인 반도체와의 연결성을 비롯하여 블록체인, 암호화폐, 가상화폐, ICO 등과 인공지능, 신재생에너지사업, 2차전지 등과 같은 새로운 4차 산업혁명과 관련된 분야 등에 대한 융합적인 발전이 가능한지 잘 살펴보아야 한다.

이와 같은 자동차 제품들은 특별히 대외변수에 의한 영향을 많이 받고 세계경기의 변동에 많은 영향을 받는 것이 현실이어서 미국의 금리인상을 비롯하여 유가동향과 미국과 중국 간의 무역관계 등 모든 통상, 관세동향 등과 관련해 한국의 경제상황에 줄 수 있는 영향에 대하여 잘 살펴보아야 한다.

결과적으로 국내외 금리정책과 관세정책을 비롯하여 FTA 협정 동향 등과 최저임금을 비롯한 자국 내의 정책변화 가능성, 지정학적인 요인 등 많은 전략적인 요소들과 관련하여 전략과 게임의 법칙 차원에서 잘 대처해 나가야 한다.

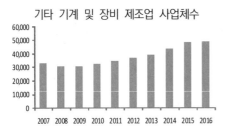

| 그림 6-13 | 2007년부터 2016년까지의 기타 기계 및 장비 제조업 사업체수(단위: 개)(좌)
와 기타 기계 및 장비 제조업 종사자수(단위: 명)(우)의 동향

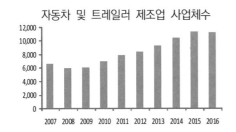
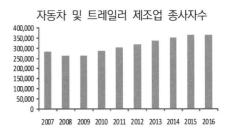

| 그림 6-14 | 2007년부터 2016년까지의 자동차 및 트레일러 제조업 사업체수(단위: 개)(좌)
와 자동차 및 트레일러 제조업 종사자수(단위: 명)(우)의 동향

제2절 정보의 불완전성과 분배, 효율성

정보가 불완전할 경우에 결국 경쟁이 완전한 경쟁시장으로 성립하기는 어렵다. 이는 결국 어떤 기업이 시장의 지배력에 대하여 높일 수 있는 기회를 갖게 되는 것이다. 이에 따라 광대한 범위에서 시장의 왜곡 현상이 발생할 수 있다.

따라서 공공의 정책이 중요해질 수도 있고 이에 대한 게임 규칙이 선행되어야 한다. 결국에는 분배에 의한 효과 개선이 이루어져 효율성이 제고될 수 있다. 이는 국가의 재정 및 공공정책 분야와 연결되는 측면이다.

| 표 6-5 | 정보의 불완전성과 분배, 효율성

	내 용
정보의 불완전성과 분배, 효율성	• 정보가 불완전할 경우에 결국 경쟁이 완전한 경쟁시장이 성립하기 어렵다. • 이는 결국 어떤 기업이 시장의 지배력에 대하여 높일 수 있는 기회를 갖게 되는 것이다. • 광대한 범위에서 시장의 왜곡 현상이 발생할 수 있다. • 공공의 정책이 중요해질 수도 있고 이에 대한 게임 규칙이 선행되어야 한다. • 분배에 의한 효과 개선이 이루어져 효율성이 제고될 수 있다.

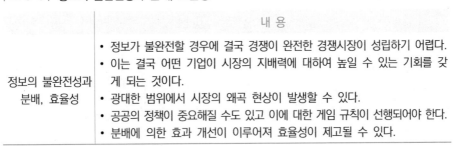

| 그림 6-15 | 공공의 정책관련 게임 규칙이 필요한 배경

〈그림 6-16〉에는 2007년부터 2016년까지의 기타 운송장비 제조업 사업체수(단위: 개)(좌)와 기타 운송장비 제조업 종사자수(단위: 명)(우)의 동향이 나와 있다. 그리고 〈그림 6-17〉에는 2007년부터 2016년까지의 가구 제조업 사업체수(단위: 개)(좌)와 가구 제조업 종사자수(단위: 명)(우)의 동향이 나타나 있다. 각각의 자료 출처는 한국은행의 경제통계검색시스템[간편검색]에 의하여 나타낸 것이다.

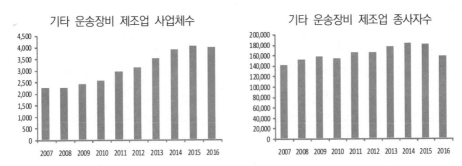

| 그림 6-16 | 2007년부터 2016년까지의 기타 운송장비 제조업 사업체수(단위: 개)(좌)와 기타 운송장비 제조업 종사자수(단위: 명)(우)의 동향

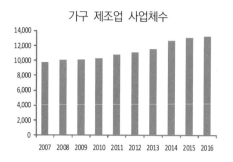
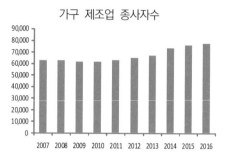

가구 제조업 사업체수   가구 제조업 종사자수

| 그림 6-17 | 2007년부터 2016년까지의 가구 제조업 사업체수(단위: 개)(좌)와 가구 제조업 종사자수(단위: 명)(우)의 동향

〈그림 6-16〉과 〈그림 6-17〉의 경우 각각 기타 운송장비 제조업과 가구 제조업의 각각 사업체수와 종사자수가 나타나 있는데, 기타 운송장비 제조업의 사업체수와 종사자수는 감소한 것을 알 수 있다. 이에 따라 이들 분야에 투자하는 기업들은 투자 전략상에 있어서 향후 추세도 이와 같이 감소 추세를 보일지를 살펴볼 필요가 있다.

앞에서도 언급한 바와 같이 자동차의 경우 최근까지 반도체와 함께 한국의 주력 수출 품목이다. 또한 자동차분야가 2018년에 이를 때까지 세계에서 유수한 자동차 메이커 회사로서 위치를 점하고 있다. 그렇지만 2018년 현재 반도체 정도만이 영업이익 등을 통하여 세계시장에서 두각을 나타내고 있다.

따라서 자동차의 경우에서와 같이 기타 운송장비의 분야에서도 4차 산업혁명의 성과가 나오고 있는 분야와 적극 융합할 필요가 있다. 특히 자율주행차를 비롯하여 향후 유헬스와 연결되는 건강관련 체크 상품들과 점점 로봇화되어 가는 추세 및 IoT를 대표적인 분야로 생각해 볼 수 있다. 이들 이외에도 한국의 장점인 반도체와의 연결성을 비롯하여 블록체인, 암호화폐, 가상화폐, ICO 등과 인공지능, 신재생에너지사업, 2차전지 등과 같은 새로운 4차 산업혁명과 관련된 분야 등과 함께 융합적인 발전을 모색해 보아야 한다.

자동차 및 기타 운송장비 제품들은 특별히 대외변수에 의한 영향을 많이 받고 세계경기의 변동에 많은 영향을 받는 것이 현실이어서 미국의 금리인상을 비롯하여 유가 동향과 미국과 중국 간의 무역관계 등 모든 통상, 관세동향 등과 관련해 한국의 경제상황에 줄 수 있는 영향에 대하여 잘 알아보아야 한다.

결과적으로 국내외 금리정책과 관세정책을 비롯하여 FTA 협정 동향 등과 최저 임금을 비롯한 자국 내의 정책변화 가능성 및 중동을 비롯한 동북아시아의 지정학적인 요인 등 많은 전략적인 요소들과 관련하여 전략과 게임의 법칙 차원에서 잘 대응해 나가야 한다.

| 표 6-6 | 정보의 투명성에 의한 게임에 있어서의 명시적인 규칙의 중요성

	내 용
정보의 투명성에 의한 게임에 있어서의 명시적인 규칙의 중요성	• 수요의 구조가 변화할 때와 기술 변화가 이루어질 때 정보 역할에 있어서 중요성이 증대될 수 있다. • 이에 따라 경쟁 감소와 부의 불평등성이 커질 수도 있다. 따라서 정보의 투명성에 의한 게임에 있어서의 명시적인 규칙과 전략적 체계 등이 있어야 한다. • 이것들이 제대로 체계를 갖추지 못할 경우 부에 있어서 불평등성과 경제적인 성과의 차이, 사회와 정치 부문에까지 영향을 줄 것이다.

수요의 구조가 변화할 때와 기술 변화가 이루어질 때 정보 역할에 있어서 중요성이 증대될 수 있다. 이에 따라 경쟁 감소와 부의 불평등성이 커질 수도 있다. 따라서 정보의 투명성에 의한 게임에 있어서의 명시적인 규칙과 전략적 체계 등이 있어야 한다.

이것들이 제대로 체계를 갖추지 못할 경우 부에 있어서 불평등성과 경제적인 성과의 차이, 사회와 정치 부문에까지 영향을 줄 것이다.

정보의 투명성에 의한 게임에 있어서의 명시적인 규칙의 중요성

수요의 구조가 변화할 때와 기술 변화가 이루어질 때 정보 역할에 있어서 중요성이 증대

경쟁 감소와 부의 불평등성이 커질 수도 있음. 따라서 정보의 투명성에 의한 게임에 있어서의 명시적인 규칙과 전략적 체계 등이 있어야 함

| 그림 6-18 | 정보의 투명성에 의한 게임에 있어서의 명시적인 규칙의 중요성 체계도

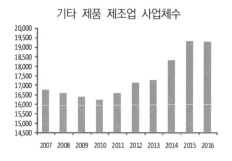
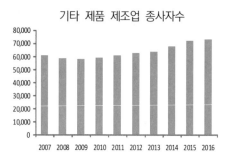

| 그림 6-19 | 2007년부터 2016년까지의 기타 제품 제조업 사업체수(단위: 개)(좌)와 기타 제품 제조업 종사자수(단위: 명)(우)의 동향

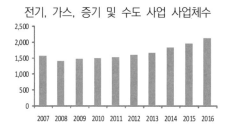
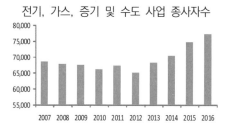

| 그림 6-20 | 2007년부터 2016년까지의 전기, 가스, 증기 및 수도 사업 사업체수(단위: 개)(좌)와 전기, 가스, 증기 및 수도 사업 종사자수(단위: 명)(우)의 동향

〈그림 6-19〉에는 2007년부터 2016년까지의 기타 제품 제조업 사업체수(단위: 개)(좌)와 기타 제품 제조업 종사자수(단위: 명)(우)의 동향이 나와 있다. 그리고 〈그림 6-20〉에는 2007년부터 2016년까지의 전기, 가스, 증기 및 수도 사업 사업체수(단위: 개)(좌)와 전기, 가스, 증기 및 수도 사업 종사자수(단위: 명)(우)의 동향이 나타나 있다. 각각의 자료 출처는 한국은행의 경제통계검색시스템[간편검색]에 의하여 나타낸 것이다.

〈그림 6-19〉와 〈그림 6-20〉의 경우 각각 기타 제품 제조업과 전기, 가스, 증기 및 수도 사업의 각각 사업체수와 종사자수가 나타나 있는데, 기타 제품 제조업의 종사자수와 전기, 가스, 증기 및 수도 사업의 각각 사업체수와 종사자수가 증가한 것을 알 수 있다. 이에 따라 이들 분야에 투자하는 기업들은 투자 전략상에 있어서 향후 추세도 이와 같이 증가 추세를 나타낼 수 있을지에 대하여 알아볼 필요성이 있다.

내수경기(domestic economy)와 관련된 기업들의 경우에 있어서도 수출지향적인 국내정책과 산업구조에 따라 국내의 경기변동과 연계될 수밖에 없다. 물론 수출과 직접관련성은 적어서 경기변동에 있어서 변동 폭은 작을 수 있지만, 지방경제 상황이 중앙경제와 연계성을 갖고 있는 것처럼 대부분의 대기업 위주의 국내산업의 경기에 있어서는 내수 위주의 기업이라고 하더라도 영향을 받을 수 있다.

또한 신재생에너지사업 이외에도 블록체인, 암호화폐, 가상화폐, ICO 등과 인공지능, 2차전지 등과 같은 새로운 4차 산업혁명과 관련된 분야 등과 융합적인 발전을 함께 모색해 나가야 한다.

그리고 해외 의존도(dependency)가 높은 국내 경제의 특수성과 관련하여 해외에서 진행되고 있는 주요한 경제적인 이슈에 대하여도 기민한 대처가 필요하다. 즉, 미국의 금리인상을 비롯하여 유가 동향과 미국과 중국 간의 무역관계 등 모든 통상, 관세동향 등이 이에 해당한다. 따라서 국내외 금리정책과 관세정책을 비롯하여 FTA 협정 동향 등과 최저임금을 비롯한 자국 내의 정책변화 가능성 및 중동을 비롯한 동북아시아의 지정학적인 요인 등 많은 전략적인 요소들과 관련하여 전략과 게임의 법칙 차원에서 잘 대처해 나갈 필요성이 있다.

정보경제와 4차 산업혁명

정보 보급과 4차 산업혁명

정보와 IT산업

　미국에서 1990년대의 기술회사에 대한 정보가 부족하여 시장에서의 성과 가능성에 대하여 적게 평가하는 시기가 있었다. 1990년대에 Standard & Poor's에서 기술회사가 차지하는 비중이 10%도 안 되었지만, 2000년 초에 들어 10~30% 사이를 점유하였다.

　2000년대 초반에 들어서면서부터 이와 같은 기술회사들에 있어서 시장이 경쟁시장이 되면서 인터넷에 의하여 이루어지는 기술부문의 파생효과에 따른 사회이익이 상당 부분 소비자들에게 돌아가서 생산자잉여가 대부분 생기지 않았다.

　이는 생산자부문에 있어서 한계적인 비용이 0이 되는 현상까지 이를 정도로 경쟁시장으로 탈바꿈되면서 비롯된 것이다. 이에 따라 사회이익의 상당 부분이 소비자들에게 제공되면서 IT시장이 보다 확장되는 시장을 맞게 되었다.

　이 당시에 IT시장과 관련하여 기존의 아주 유명한 기관투자자들 중의 일부는 닷컴(.com)으로 대표되는 기술회사들에 대하여 수익모델창출(profit model creation)을 회의적인 시각으로 바라보기도 하였다.

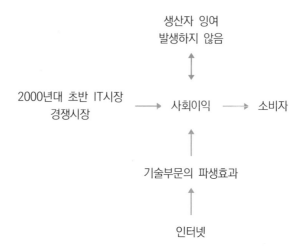

| 그림 7-1 | 2000년대 초반 IT시장의 경쟁시장 변모와 사회이익 발생

| 그림 7-2 | 2007년부터 2016년까지의 전기, 가스, 증기 및 공기조절 공급업 사업체수(단위: 개)(좌)와 전기, 가스, 증기 및 공기조절 공급업 종사자수(단위: 명)(우)의 동향

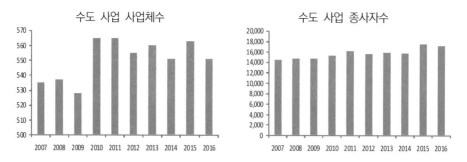

| 그림 7-3 | 2007년부터 2016년까지의 수도 사업 사업체수(단위: 개)(좌)와 수도 사업 종사자수(단위: 명)(우)의 동향

〈그림 7-2〉에는 2007년부터 2016년까지의 전기, 가스, 증기 및 공기조절 공급업 사업체수(단위: 개)(좌)와 전기, 가스, 증기 및 공기조절 공급업 종사자수(단위: 명)(우)의 동향이 나와 있다. 또한 〈그림 7-3〉에는 2007년부터 2016년까지의 수도 사업 사업체수(단위: 개)(좌)와 수도 사업 종사자수(단위: 명)(우)의 동향이 나타나 있다. 각각의 자료 출처는 한국은행의 경제통계검색시스템[간편검색]에 의하여 나타낸 것이다.

〈그림 7-2〉와 〈그림 7-3〉의 경우 각각 전기, 가스, 증기 및 공기조절 공급업과 수도 사업의 각각 사업체수와 종사자수가 나타나 있는데, 전기, 가스, 증기 및 공기조절 공급업의 사업체수와 종사자수는 증가세를 보이고 있지만, 수도 사업의 경우 감소추세를 나타내고 있다. 따라서 이들 분야에 투자하는 기업들은 투자 전략 상에 있어서 향후 추세도 이와 같이 지속될 것인지에 대하여 살펴볼 필요성이 있다. 이들 지표(indicator)들은 대부분 2차 산업혁명과 관련된 것이다. 앞에서 살펴본 IT산업은 3차 산업혁명과 관련된 시장을 의미한다.

2차 산업혁명을 거치고 3차 산업혁명에 접어들면서 똑같은 전기에너지(electric energy)를 사용하여 보다 소비자에게 실생활에서 가깝게 편리성을 제공해 주는 방향으로 전개되어 온 것이다.

전기, 가스, 증기 및 공기조절 공급업과 수도 사업의 경우에는 경기에 대한 민감도가 높지 않은 산업이다. 이들 산업도 향후 블록체인, 암호화폐, 가상화폐, ICO 등과 인공지능, 2차전지, 드론과 같은 새로운 4차 산업혁명과 관련된 분야 등과 융합적인 발전을 함께 모색해 나갈 필요성이 증대되고 있다. 따라서 미래 산업의 진행과 관련된 대내외 정부와 사회, 각각의 경제주체 간의 비즈니스 전략 및 게임 법칙이 향후 상당한 변화를 수반하여 진행되어 나갈 것이다.

정보와 관련된 IT시장에서 생산자부문에 있어서 한계적인 비용이 0이 되는 현상까지 이를 정도로 경쟁시장으로 변모한 반면에, 사회이익의 상당 부분이 소비자들에게 제공되면서 IT시장은 보다 확장되는 시장을 맞게 되었다. 이는 〈그림 7-4〉와 같이 PaW의 아랫부분과 공급곡선의 윗부분이 생산자들의 잉여(producer's surplus) 부분이다. 이 면적이 줄어들게 되었는데, IT시장에서 비용이 감소하면서 소비자들이 지불하는 가격의 하락으로 이어진 것이다. 이에 따라 PbL의 아랫부분과 공급곡선 윗부분의 면적으로 줄어들었으며, 비용과 가격하락으로 인하여 또다시 PcM의

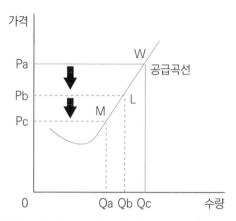

| 그림 7-4 | 정보와 관련된 IT시장의 가격혁명과 생산자의 잉여(producer's surplus)

아랫부분과 공급곡선 윗부분의 면적으로 감소하게 된 것이다. 결과적으로 생산자의 잉여가 줄어들었다는 것은 수요곡선과 가격으로 형성되는 소비자의 잉여(consumer's surplus)가 늘어났다는 의미가 되는 것이다.

미국경제(U.S. economy) 및 산업에 1990년대와 2000년대 초에 무엇이 달라졌는가에 대하여 생각해 볼 필요성이 있다. 이는 1990년대에는 기술회사가 창출하는 이익에 대하여 정보(information)가 부족하였지만, 2000년대 초에 들어서면서부터 기술회사의 인터넷에 의한 사회이익에 대하여 올바른 정보가 소비자(consumer)들에게 전달되기 시작하였다는 것을 의미한다. 이와 같은 올바른 정보의 중요성은 얼마든지 그 사례를 파악해 볼 수 있다.

한편 기술회사와 관련하여서 대표적인 것이 이메일(e-mail)이며, 이는 다른 통신수단보다도 직장인을 비롯한 개개인들이 제일 흔히 사용하는 상호소통의 역할을 하고 있다. 이는 한계적인 비용이 0이기 때문이며, 이메일 서비스가 공공재의 영역이 되어 공짜의 정보제공 역할을 제대로 하고 있는 기술적 혁명에 해당하는 것이다.

이와 같은 기술(IT)회사의 혁신적인 사회이익창출은 어떻게 가능하였을까? 어느 날 갑자기 미국경제 및 산업에서 일어난 것일까? 그것은 1990년대의 후반 미국의 산업에서 이루어진 생산성의 증가에 이어 2000년대 초에 이르는 미국의 신경제(new ecobomy)가 연결되면서 IT와 관련된 회사들 전체에 걸쳐 투자증대로 이어진 것이다. 즉, 1990년대의 후반 미국의 산업부문에서의 생산성증가 현상이 IT와 관련된 회사들 전체에 걸친 투자증대로 연계되는 동기로써 작용한 것이다.

결국 IT와 관련된 회사들의 사회적 이익(social benefit)과 비용감소(cost reduction)가 올바로 소비자를 위주로 제공되었으며, 이에 대하여 경제주체들에게 2000년대 초반에 인식시켜주는 계기가 정보의 역할에 기인한 것이다.

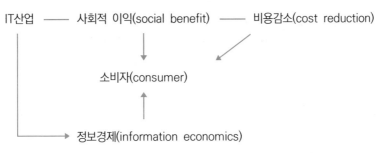

| 그림 7-5 | 정보기술(IT) 시장의 사회적 이익(social benefit)과 비용감소(cost reduction)

〈그림 7-6〉에는 2007년부터 2016년까지의 하수·폐기물 처리, 원료재생 및 환경복원업 사업체수(단위: 개)(좌)와 하수·폐기물 처리, 원료재생 및 환경복원업 종사자수(단위: 명)(우)의 동향이 나타나 있다. 그리고 〈그림 7-7〉에는 2007년부터 2016년까지의 하수, 폐수 및 분뇨 처리업 사업체수(단위: 개)(좌)와 하수, 폐수 및 분뇨 처리업 종사자수(단위: 명)(우)의 동향이 나와 있다. 각각의 자료 출처는 한국은행의 경제통계검색시스템[간편검색]에 의하여 나타낸 것이다.

〈그림 7-6〉과 〈그림 7-7〉의 경우 각각 하수·폐기물 처리, 원료재생 및 환경복원업과 하수, 폐수 및 분뇨 처리업의 각각 사업체수와 종사자수가 나타나 있는데, 이들 모든 사업부문들의 사업체수와 종사자수가 증가추세를 보이고 있다. 이에 따라 이들 분야에 투자하는 기업들은 투자 전략상에 있어서 향후 추세도 이와 같이 지속될 것인지에 대하여 알아볼 필요가 있다. 이들 산업들은 바이오매스(bio mass)를 통하여 4차 산업혁명과 연결되는 신재생에너지사업(new & renewable energy business)과 연결되고 있다. 이는 향후 도시재생사업을 비롯한 친환경건축사업(green building business)으로 이어지고 정보기술(IT)과 연결되어 더욱 발전을 지속해 나갈 것이다.

향후에도 이들 산업들은 인공지능을 비롯하여 블록체인, 암호화폐, 가상화폐,

ICO 등과 인공지능, 2차전지, 드론과 같은 새로운 4차 산업혁명과 관련된 분야 등과 융합적인 발전을 거듭해 나갈 것이다. 이에 따라 미래 산업의 진행과 관련된 대내외 정부와 사회, 각각의 경제주체 간의 게임의 법칙(rule) 및 비즈니스 전략이 상당한 변화를 가져오게 될 것이다.

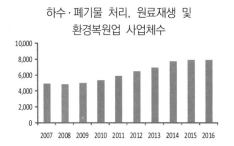

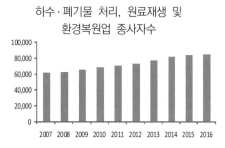

| 그림 7-6 | 2007년부터 2016년까지의 하수·폐기물 처리, 원료재생 및 환경복원업 사업체수(단위: 개)(좌)와 하수·폐기물 처리, 원료재생 및 환경복원업 종사자수(단위: 명)(우)의 동향

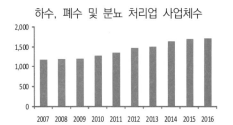

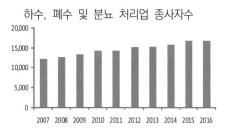

| 그림 7-7 | 2007년부터 2016년까지의 하수, 폐수 및 분뇨 처리업 사업체수(단위: 개)(좌)와 하수, 폐수 및 분뇨 처리업 종사자수(단위: 명)(우)의 동향

제2절 정보와 지적 재산의 중요성

　정보의 역할은 매우 중요할 수 있다. 이에 대하여 두 가지 측면에서 살펴볼 수 있다. 첫째, 상당한 가치가 있는 정보를 창출해내도 지적 재산권의 보호를 받지 못한다면 정보의 역할이 줄어들 수 있다.

　둘째, 정보와 기술과 관련된 조작이 발생하지 않도록 하여야 한다. 정보조작과 관련하여 앞에서도 언급한 바와 같이 정보의 시장(information market)도 결국에는 완전경쟁시장(perfect competitive market)에 이르기 때문에 정보의 조작을 통한 이익창출은 발생할 수 없다. 이는 정보에 대한 소비자와 생산자 모두에게서 마찬가지이다.

| 표 7-1 | 정보와 지적 재산의 중요성

	내 용
정보와 지적 재산의 중요성	• 상당한 가치가 있는 정보를 창출해내도 지적 재산권의 보호를 받지 못한다면 정보의 역할이 줄어들 수 있다. • 정보와 기술과 관련된 조작이 발생하지 않도록 하여야 한다. 정보조작과 관련하여 앞에서도 언급한 바와 같이 정보의 시장(information market)도 결국에는 완전경쟁시장(perfect competitive market)에 이르기 때문에 정보의 조작을 통한 이익창출은 발생할 수 없다.

　지적 재산권과 관련하여 저작권은 제품에 대한 재산권 측면에 대한 규정이고, 특허권은 혁신적인 기술(technology)에 대한 창출의 대가로 인한 동기부여와 권익보호에 대한 제약의 성격을 가진다.

| 표 7-2 | 정보와 관련된 지적 재산권과 특허권

	내 용
정보와 관련된 지적 재산권과 특허권	• 지적 재산권과 관련하여 저작권은 제품에 대한 재산권 측면에 대한 규정 • 특허권은 혁신적인 기술(technology)에 대한 창출의 대가로 인한 동기부여와 권익보호에 대한 제약의 성격

CHAPTER 7 정보 보급과 4차 산업혁명 _ 183

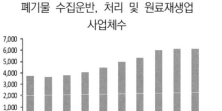
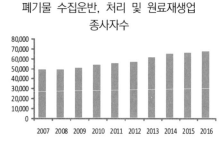

폐기물 수집운반, 처리 및 원료재생업
사업체수

폐기물 수집운반, 처리 및 원료재생업
종사자수

| 그림 7-8 | 2007년부터 2016년까지의 폐기물 수집운반, 처리 및 원료재생업 사업체수(단위: 개)(좌)와 폐기물 수집운반, 처리 및 원료재생업 종사자수(단위: 명)(우)의 동향

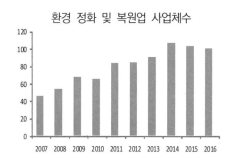
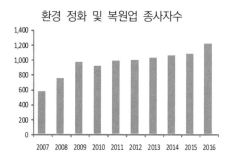

환경 정화 및 복원업 사업체수

환경 정화 및 복원업 종사자수

| 그림 7-9 | 2007년부터 2016년까지의 환경 정화 및 복원업 사업체수(단위: 개)(좌)와 환경 정화 및 복원업 종사자수(단위: 명)(우)의 동향

　〈그림 7-8〉에는 2007년부터 2016년까지의 폐기물 수집운반, 처리 및 원료재생업 사업체수(단위: 개)(좌)와 폐기물 수집운반, 처리 및 원료재생업 종사자수(단위: 명)(우)의 동향이 나타나 있다. 그리고 〈그림 7-9〉에는 2007년부터 2016년까지의 환경 정화 및 복원업 사업체수(단위: 개)(좌)와 환경 정화 및 복원업 종사자수(단위: 명)(우)의 동향이 나와 있다. 각각의 자료 출처는 한국은행의 경제통계검색시스템[간편검색]에 의하여 나타낸 것이다.

　〈그림 7-8〉과 〈그림 7-9〉의 경우 각각 폐기물 수집운반, 처리 및 원료재생업과 환경 정화 및 복원업의 각각 사업체수와 종사자수가 나타나 있는데, 폐기물 수집운반, 처리 및 원료재생업의 종사자수와 환경 정화 및 복원업의 사업체수가 줄어든 것으로 나타나 있다. 반면에 폐기물 수집운반, 처리 및 원료재생업의 사업체수와 환경 정화 및 복원업의 종사자수는 증가추세를 나타낸 것으로 나와 있다. 따라

서 이와 같은 현상이 지속될 것인지에 대하여 이들 분야에 투자하는 기업들은 투자 전략상에 있어서 예측(prediction)해 나갈 필요성이 있다. 이들 산업들은 앞에서도 지적한 바와 같이 바이오매스(bio mass)를 통하여 4차 산업혁명과 연결되는 신재생에너지사업(new & renewable energy business)과 연결성을 갖고 있다. 이는 향후 도시재생사업을 비롯한 친환경건축 사업으로 이어지고 정보기술(IT)과도 연결되면서 더욱 발전을 해 나갈 것이다.

이와 같이 엇갈리는 지표들이 보이는 것은 아직 한국의 4차 산업혁명이 본격적인 궤도에 진입하지 못하고 있기 때문이기도 하다. 4차 산업혁명과 관련된 로봇산업만 보아도 미국과 독일, 일본 등에 기술력 측면에서 20% 정도 뒤지고 있다. 이들 산업들은 향후에도 인공지능을 비롯하여 빅데이터(big data), 블록체인, 암호화폐, 가상화폐, ICO 등과 2차전지, 드론 등과 같은 새로운 4차 산업혁명과 관련된 분야에서 융합적인 발전을 지속해 나갈 것이다. 따라서 미래 산업의 진행과 관련된 대내외 정부와 사회, 각각의 경제주체 간의 컨센서스를 비롯한 협력, 게임의 법칙(rule) 및 비즈니스 전략이 상당히 중요해질 것이다.

새롭게 하나의 제품이 만들어지기 위해서는 다양한 요소가 결합되며 또한 재결합이 지속되고 이와 관련된 새로운 기술의 진전이 이루어지고 있다. 예를 들어, 자동차 산업이 만들어지면서 도로가 건설되고 자동차 부품들에 대한 수요의 증가가 이루어지고 공급이 이루어져 자동차산업의 거대한 발전이 비약적으로 발전해 나간 것이다.

혁신에 대하여 가장 유명한 슘페터(Schumpeter)도 수요의 창출이 공급을 이끈다고 산업에 대한 혁신의 중요성을 강조한 바 있다. 이와 같이 전방연관의 효과와 후방연관의 효과 등으로 인하여 어떤 산업이 탄생하면 순차적으로 다른 산업들이 발전하며 비약적인 발전을 해나가기도 한다. 그리고 현재와 같이 기술속도가 빠른 경우에는 순차적이기 보다 동시에 같이 발전하면서 거대한 산업이 형성되기도 한다. 이는 4차 산업혁명이 이루어지면서 특히 이와 같은 하나의 산업에서 기술혁신이 급속도로 다른 산업과 동시에 진행되면서 동시다발적으로 새로운 여러 산업들이 탄생하고 있는 것이다.

예를 들어, 자동차를 비롯하여 전자산업을 통한 컴퓨터와 통신 산업 등에서 비약적으로 발전해 나가고 있다.

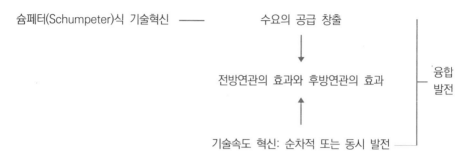

숨페터(Schumpeter)식 기술혁신 ── 수요의 공급 창출

↓

전방연관의 효과와 후방연관의 효과 ─ 융합 발전

↑

기술속도 혁신: 순차적 또는 동시 발전 ──

| 그림 7-10 | 숨페터(Schumpeter)식 수요의 공급 창출을 통한 융합발전 메커니즘

〈그림 7-11〉에는 2007년부터 2016년까지의 건설업 사업체수(단위: 개)(좌)와 건설업 종사자수(단위: 명)(우)의 동향이 나타나 있다. 또한 〈그림 7-12〉에는 2007년부터 2016년까지의 종합 건설업 사업체수(단위: 개)(좌)와 종합 건설업 종사자수(단위: 명)(우)의 동향이 나와 있다. 각각의 자료 출처는 한국은행의 경제통계검색시스템[간편검색]에 의하여 나타낸 것이다.

〈그림 7-11〉과 〈그림 7-12〉의 경우 각각 건설업과 종합 건설업의 각각 사업체수와 종사자수가 나타나 있는데, 이들과 관련된 모두 데이터들이 상승추세를 나타내고 있다. 이에 따라 이와 같은 현상이 지속될 것인지에 대하여 이들 분야에 투자하는 기업들과 투자자들은 투자 전략상에 있어서 예측해 나갈 필요성이 제기된다. 이는 건설업과 종합 건설업의 경우 건설경기변동(construction business cycle)과 밀접한 상관관계를 갖고 있기 때문이다. 그리고 이들 건설 및 건축의 경우에도 신재생에너지를 포함하는 그린빌딩 혹은 친환경건축이라는 사업의 범주를 통하여 4차 산업혁명과 동반 발전해 나가고 있다. 생태를 복원하는 건축, 오폐수를 정화하여 조경수로 활용하는 우수재활용시스템, 태양광 및 태양열을 이용하고 지열들을 활용하며, 정보통신(IT)사업을 통한 에너지절약의 인텔리전트 빌딩으로 진화해나가고 있는 것이다.

이외에도 인공지능을 비롯하여 빅데이터(big data), 블록체인, 지능형 로봇 등과 같은 새로운 4차 산업혁명과 관련된 분야에서 융합적인 발전을 해 나갈 것이다. 또한 드론을 통한 택배사업도 시험단계에서 성공하고 있어 향후 주택과 로봇 및 인공지능을 활용한 각종 아이디어 건축물도 등장해 나갈 것이다. 이는 건축물과 정보

통신(IT)기술이 융합하고 유헬스를 비롯한 생명공학 기술까지 부여되는 새로운 주
거형태로 진일보하는 4차 산업혁명과 관련된 그린빌딩의 형태로 진전되는 것을 의
미한다. 고령화 사회에서 로봇이 가정의 일상생활에 도움을 주고 편리한 동선으로
컴퓨터를 기반으로 하는 첨단 설계와 15년경 전부터 이미 국책연구소에서 기술적
으로 가능성을 확보하고 있는 낙상폰과 같은 것도 지역사회와 병원과 가정을 하나
로서 정보통신의 IT기술로 연결시켜 나가는 것이다. 예를 들어 낙상폰의 경우 고령
자가 혼자서 기거하다가 사고를 당하였을 경우 자동적으로 소방응급차가 출동하여
병원으로 후송하는 시스템이다. 이와 같이 지역과 함께 건축물 내외의 정보통신의
IT기술이 융합하는 4차 산업혁명이 급진적으로 이루어지고 있다.

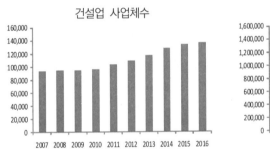
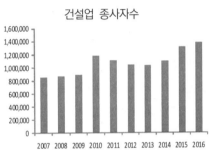

| 그림 7-11 | 2007년부터 2016년까지의 건설업 사업체수(단위: 개)(좌)와 건설업 종사자수
(단위: 명)(우)의 동향

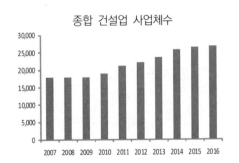
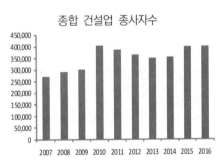

| 그림 7-12 | 2007년부터 2016년까지의 종합 건설업 사업체수(단위: 개)(좌)와 종합 건설업
종사자수(단위: 명)(우)의 동향

| 표 7-3 | 기업체의 의사결정자들에게 있어서 정보처리에서 중요한 요인

	내 용
기업체의 의사결정자들에게 있어서 정보처리에서 중요한 요인	• 첫째 합리적인 판단이 중요하다. • 둘째, 경제적인 투자이어야 한다. 즉, 투입(input) 대비 결과(outcome)에 있어서 투입은 비용이기 때문에 결과가 아무리 좋아도 투입보다 못한 결과이거나 투입과 같은 결과라면 기업경영자가 경제적으로 투자했다고 보기는 어렵기 때문이다.

　정보에 따른 의사결정을 할 때 올바른 결정을 할 수 있는 것은 무엇일지에 대하여 많은 어려움이 뒤따르는 것이 현실이다. 앞에서도 지적한 바와 같이 올바른 정보 이외에 거짓 정보도 있기 때문이다. 기업체의 의사결정자들에게 있어서 정보처리와 관련해서는 첫째, 합리적인 판단이 중요하다. 둘째, 경제적인 투자이어야 한다. 즉, 투입(input) 대비 결과(outcome)에 있어서 투입은 비용이기 때문에 결과가 아무리 좋아도 투입보다 못한 결과이거나 투입과 같은 결과라면 기업경영자가 경제적으로 투자했다고 보기는 어렵기 때문이다.

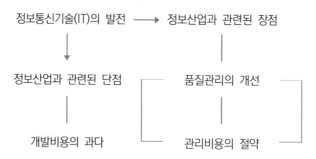

| 그림 7-13 | 정보통신기술(IT)의 발전에 따른 정보산업과 관련된 장·단점

　정보통신기술(IT)의 발전에 따라 비약적으로 발전한 정보산업과 관련된 장·단점은 다음과 같다. 장점으로는 IT의 기술을 통하여 품질관리의 개선 및 관리비용의 절약이 가능하다는 것이다. 반면에 단점으로는 개발비용이 과도할 수 있다는 점을 들 수 있다.

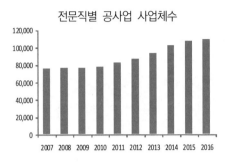
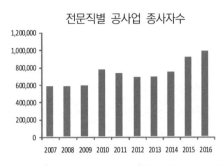

| 그림 7-14 | 2007년부터 2016년까지의 전문직별 공사업 사업체수(단위: 개)(좌)와 전문직별
공사업 종사자수(단위: 명)(우)의 동향

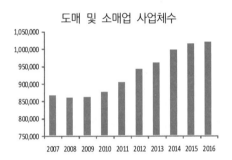
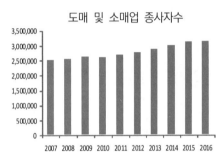

| 그림 7-15 | 2007년부터 2016년까지의 도매 및 소매업 사업체수(단위: 개)(좌)와 도매 및
소매업 종사자수(단위: 명)(우)의 동향

〈그림 7-14〉에는 2007년부터 2016년까지의 전문직별 공사업 사업체수(단위: 개)
(좌)와 전문직별 공사업 종사자수(단위: 명)(우)의 동향이 나와 있다. 그리고 〈그림
7-15〉에는 2007년부터 2016년까지의 도매 및 소매업 사업체수(단위: 개)(좌)와 도
매 및 소매업 종사자수(단위: 명)(우)의 동향이 나타나 있다. 각각의 자료 출처는 한
국은행의 경제통계검색시스템[간편검색]에 의하여 나타낸 것이다.

〈그림 7-14〉와 〈그림 7-15〉의 경우 각각 전문직별 공사업과 도매 및 소매업
의 각각 사업체수와 종사자수가 나타나 있는데, 이들과 관련된 모두 데이터들이 상
승추세를 나타내고 있다. 따라서 이와 같은 현상이 향후에도 지속될 것인지에 대하
여 이들 분야에 투자하는 기업들과 투자자들은 투자 전략상에 있어서 예측해 나갈
필요성이 있다.

미국의 경우 아마존(Amazon) 기업이 인터넷을 기반으로 하여 지역 상권에서 소

매업으로 성공한 후 이와 같은 인터넷사업이 해외시장으로 확대된 무역기반의 규모경제가 가능하게 되었다. 이와 같이 미국의 지역 상권에서 소매업으로 성공할 수 있었던 것도 정보통신(IT) 기술에 기초를 둔 인터넷 혁명으로 아주 저렴한 가격으로 소비자들에게 소비자의 잉여 창출이 가능하였기 때문이다. 이와 같이 4차 산업혁명을 기반으로 할 경우에는 아마존 기업과 같이 세계에서 가장 많은 부(wealth)를 창출해 나갈 수 있다.

이외에도 4차 산업혁명과 관련해서는 블록체인, 암호화폐, 가상화폐 등의 시장도 손꼽히고 있다. 그리고 지능형 로봇을 비롯한 인공지능, 3D 프린팅사업, 자율주행차사업, 드론 등 여러 가지 사업들이 이에 해당하고 있다.

제3절 정보의 발달과 4차 산업혁명

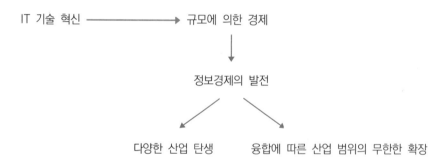

| 그림 7-16 | 정보경제의 발전

IT중심의 기술혁신의 발달과 이에 따른 정보의 발전 그리고 이와 연관된 4차 산업혁명이 정보경제학과 관련하여 어떻게 전개되고 있는지 알아보면 다음과 같다. 우선 이들 산업들의 발달은 규모에 의한 경제, 다양하고 복잡한 산업들의 전개, 산업 범위의 무한한 확장 등이 대표적이다. 즉, 이전에 경험하지 못했던 정보의 탄생과 민간부문 및 공공부문의 융합적인 발달 등이다. 이는 앞에서 지적한 예와 같이 사적 영역에서 탄생하였지만 한계적인 비용이 0인 공적 영역에 속하게 된 이메일

서비스가 대표적인 형태이다.

4차 산업혁명은 디지털화에 따른 영역과 생물학적인 영역 등이 기술적으로 융합하여 발전해 나가는 특징도 가지고 있다. 여기에서 대표적인 부문이 유헬스산업이며, 향후 IT기술과 의료서비스가 융합하여 새로운 부가가치를 창출해 나갈 것이다. 4차 산업혁명은 다양한 형태로도 전개되고 있는데, 자동차 운전석에 운전자가 탑승하면 바로 혈압과 당뇨 등이 체크되고 인터넷에 연결되어 실시간으로 의료서비스를 받을 수 있는 것과 같이 다양한 형태로 진행되면서 새로운 형태의 유헬스산업의 비즈니스 형태로도 진화해 나갈 수도 있다.

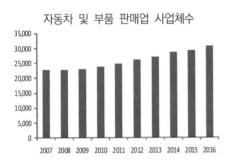

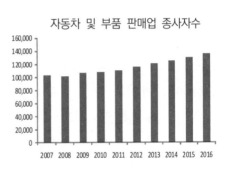

| 그림 7-17 | 2007년부터 2016년까지의 자동차 및 부품 판매업 사업체수(단위: 개)(좌)와 자동차 및 부품 판매업 종사자수(단위: 명)(우)의 동향

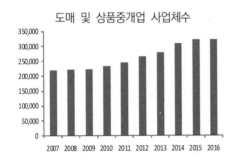

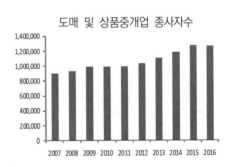

| 그림 7-18 | 2007년부터 2016년까지의 도매 및 상품중개업 사업체수(단위: 개)(좌)와 도매 및 상품중개업 종사자수(단위: 명)(우)의 동향

〈그림 7-17〉에는 2007년부터 2016년까지의 자동차 및 부품 판매업 사업체수(단위: 개)(좌)와 자동차 및 부품 판매업 종사자수(단위: 명)(우)의 동향이 나타나 있다.

그리고 〈그림 7-18〉에는 2007년부터 2016년까지의 도매 및 상품중개업 사업체수 (단위: 개)(좌)와 도매 및 상품중개업 종사자수(단위: 명)(우)의 동향이 나와 있다. 각각 의 자료 출처는 한국은행의 경제통계검색시스템[간편검색]에 의하여 나타낸 것이다.

〈그림 7-17〉과 〈그림 7-18〉의 경우 각각 자동차 및 부품 판매업과 도매 및 상품중개업의 각각 사업체수와 종사자수가 나타나 있는데, 도매 및 상품중개업의 사업체수와 종사자수가 감소한 것으로 나타났다. 이에 따라 이와 같은 현상이 향후에도 지속될 것인지에 대하여 이들 분야에 투자하는 기업들과 투자자들은 투자 전략 상에 있어서 예측할 필요성이 있다.

특히 도매 및 상품중개업의 업종은 국내 경제정책과 경기변동에도 직접적인 영향을 받을 수 있으므로 정책변화를 주시해야 한다. 특히 국내 경제정책 변화 중에서 최저임금과 같은 요인들은 이들 업종에 어떤 영향이 있는지 살펴볼 필요가 있다.

앞에서 미국의 경우 아마존(Amazon) 기업의 예와 같이 인터넷을 기반으로 하는 정보통신(IT) 기술의 응용이 새로운 부가가치를 창출하는 4차 산업혁명에 해당할 수 있으므로 이에 대한 융합기술과 새로운 산업 발전에 관심을 기울일 필요가 있다.

이와 관련이 있는 4차 산업혁명은 블록체인(blockchain), 암호화폐, 가상화폐 등과 지능형 로봇을 비롯한 인공지능, 3D 프린팅사업, 자율주행차사업, 드론 등 여러 가지 사업들이 해당할 수 있다.

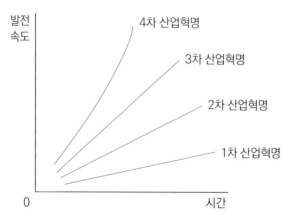

| 그림 7-19 | 지수적인 형태로 발전해 나가고 있는 4차 산업혁명

앞에서도 지적한 바와 같이 범위와 속도 등 모든 분야들에 있어서 이전의 산업 혁명과는 비교도 안 될 정도로 색다른 한 차원 높은 형태에서 진행되어 가고 있다. 4차 산업혁명 이전에는 속도가 선형적인 형태로 발전해 나갔다면, 4차 산업혁명 이후에는 지수적인 형태로 발전해 나가고 있다.

〈그림 7－19〉와 같이 1, 2, 3차 산업혁명과 비교할 때 훨씬 발전속도가 빨라지고 있는 것이다. 특히 3차 산업혁명이 1차와 2차 산업혁명보다 더 빨리 진행되었는데, 4차 산업혁명은 이 속도보다 더 월등히 빠른 발전속도가 이루어지고 있다.

이는 기업에서의 관리 및 생산에 이전과 다른 차원의 혁명이 일어나서 IoT와 로봇화 등이 진전된다고 하면, 정부 차원의 시스템에서도 이전과 전혀 다른 차원으로 발전을 거듭해 나가고 있다.

이는 IT기술의 발달에 따른 빅데이터의 정보량에 대해 처리 가능한 능력과 엄청난 대용량 지식의 저장 등이 있기 때문에 가능한 것이다. 이와 같은 빅데이터에 대한 개개인들의 이용 가능한 용량은 무제한에 가깝게 진행되고 있다.

이와 같이 4차 산업혁명은 인공지능(AI)을 비롯하여 3D 프린팅(printing), 나노기술과 2차 전지와 같은 재료의 과학적 발전 및 에너지의 저장 능력 향상, 양자와 관련된 컴퓨터 기술과 같이 디지털 분야뿐만 아니라 생명공학과 관련된 분야까지 새로운 기술로서 혁신적인 발전 형태로 진행되고 있는 것이다.

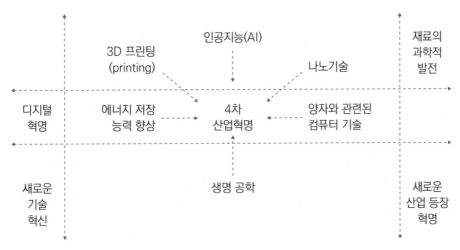

| 그림 7-20 | 기술 혁신(innovation)에 따른 4차 산업혁명과 새로운 산업의 등장

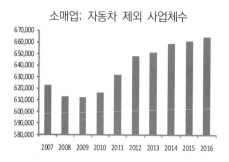

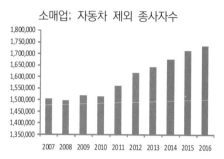

| 그림 7-21 | 2007년부터 2016년까지의 소매업; 자동차 제외 사업체수(단위: 개)(좌)와 소매업; 자동차 제외 종사자수(단위: 명)(우)의 동향

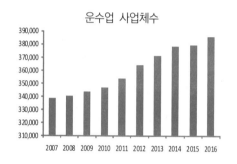

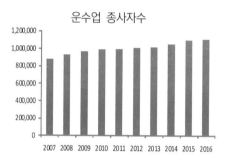

| 그림 7-22 | 2007년부터 2016년까지의 운수업 사업체수(단위: 개)(좌)와 운수업 종사자수(단위: 명)(우)의 동향

〈그림 7-21〉에는 2007년부터 2016년까지의 소매업; 자동차 제외 사업체수(단위: 개)(좌)와 소매업; 자동차 제외 종사자수(단위: 명)(우)의 동향이 나와 있다. 또한 〈그림 7-22〉에는 2007년부터 2016년까지의 운수업 사업체수(단위: 개)(좌)와 운수업 종사자수(단위: 명)(우)의 동향이 나타나 있다. 각각의 자료 출처는 한국은행의 경제통계검색시스템[간편검색]에 의하여 나타낸 것이다.

〈그림 7-21〉과 〈그림 7-22〉의 경우 소매업; 자동차 제외와 운수업의 각각 사업체수와 종사자수가 나타나 있는데, 이들 업종들의 경우 사업체수와 종사자수가 모두 증가한 것으로 나타났다. 따라서 이와 같은 현상이 향후에도 지속될 것인지에 대하여 이들 분야에 투자하는 투자자들과 기업체들은 투자 전략상에 있어서 잘 살펴보고 판단해야 한다.

운수업과 같은 자동차산업의 연관 산업의 경우 자동차에 대한 선호도가 엔진성

능에서 안전장치로 변해왔다. 이제는 자율주행차와 같은 4차 산업혁명에 선호도가 옮겨가고 있는 중이다. 이와 더불어 블록체인(blockchain) 기술을 포함하여 암호화폐, 가상화폐 등과 지능형 로봇을 비롯한 인공지능, 3D 프린팅사업, 자율주행차사업, 드론 등 여러 가지 사업들이 자동차관련 산업들과 연계하여 발전할 수 있는 4차 산업혁명에 해당한다.

| 표 7-4 | 막대한 분량의 데이터 가용에 따른 4차 산업혁명의 활용 사례

	특 징 및 내 용
인공지능(AI)산업	• 컴퓨터의 처리속도와 범위의 확대로 진일보 • 신물질의 약품 제조에 투입되는 소프트웨어 • 문화적인 이익의 예측에 활용하는 알고리즘 • 자율주행차 시스템 • 무인으로 운행하는 항공기 • 투자와 관련된 자문 역할 • 번역가로서의 역할
유헬스(U-Health) 산업	• 생물의 세계 및 IT기술에 따른 디지털의 융합식 원격의료 기술
인텔리전트 (intelligent) 친환경건축 산업	• 친환경(eco-friendly) 건축으로 건축가를 비롯하여 엔지니어, 디자이너의 융합 기술 적용(컴퓨터를 활용한 설계시스템) • 미생물을 활용한 음식처리 시스템 및 중수 및 우수재활용 시스템, 건축물 외부에 생태계 시스템(eco system), 에너지절약시설, 신재생에너지 활용, 자연채광 및 아트리움, 웰빙(well-being)의 쾌적한 공기질(air indoor quality) 및 건강성 제고 건축물 설계, 운동시설 활용

| 표 7-5 | 4차 산업혁명의 장점

	내 용
4차 산업혁명의 장점	• 세계적으로 소득수준의 향상 • 삶에 있어서 질적인 향상을 위한 잠재력 보유 • 여가(leasure) 생활의 증가 • 디지털을 비롯한 혁신적인 IT제품의 구매

〈표 7-4〉에는 막대한 분량의 데이터 가용에 따른 4차 산업혁명의 활용 사례로서 인공지능(AI) 산업과 유헬스(U-Health) 산업, 인텔리전트(intelligent) 친환경건축 산업

등이 제시되어 있다. 그리고 〈표 7−5〉에는 4차 산업혁명의 장점 네 가지에 대하여 정리되어 있다.

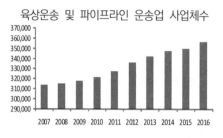

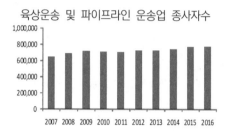

| 그림 7−23 | 2007년부터 2016년까지의 육상운송 및 파이프라인 운송업 사업체수(단위: 개) (좌)와 육상운송 및 파이프라인 운송업 종사자수(단위: 명)(우)의 동향

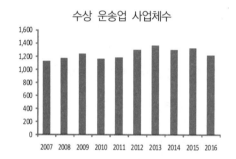

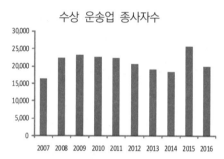

| 그림 7−24 | 2007년부터 2016년까지의 수상 운송업 사업체수(단위: 개)(좌)와 수상 운송업 종사자수(단위: 명)(우)의 동향

〈그림 7−23〉에는 2007년부터 2016년까지의 육상운송 및 파이프라인 운송업 사업체수(단위: 개)(좌)와 육상운송 및 파이프라인 운송업 종사자수(단위: 명)(우)의 동향이 나타나 있다. 그리고 〈그림 7−24〉에는 2007년부터 2016년까지의 수상 운송업 사업체수(단위: 개)(좌)와 수상 운송업 종사자수(단위: 명)(우)의 동향이 나와 있다. 각각의 자료 출처는 한국은행의 경제통계검색시스템[간편검색]에 의하여 나타낸 것이다.

〈그림 7−23〉과 〈그림 7−24〉의 경우 육상운송 및 파이프라인 운송업과 수상 운송업의 각각 사업체수와 종사자수가 나타나 있는데, 육상운송 및 파이프라인 운송업의 경우 사업체수와 종사자수 모두 증가 추세에 있는 반면에 수상 운송업은

사업체수와 종사자수 모두 감소세를 나타내고 있다. 이에 따라 이와 같은 현상이 향후에도 지속될 것인지에 대하여 이들 분야에 투자하는 투자자들과 기업체들은 투자 전략상에 있어서 잘 알아보고 판단해 나가야 한다.

정보통신(IT)산업의 기여로 인하여 드론 택배서비스와 같이 운송 및 물류체계에서 4차 산업혁명과 연결될 때 획기적인 기술혁신이 일어날 것으로 판단된다. 이외에도 직접적으로는 4차 산업혁명 중 자율주행차가 연계될 수 있으며, 지능형로봇과 인공지능, 블록체인(blockchain) 기술을 포함하여 3D 프린팅사업 등 다양한 사업들이 연결성을 가지며 공동 발전을 해 나갈 것으로 판단된다.

|표 7-6| 4차 산업혁명 기술의 영향

	내 용
4차 산업혁명 기술의 영향	• 개개인의 생활에 있어서 새로운 차원의 오락시설을 제공하는 신제품 • 개개인들의 일상생활에서 효율성 제고 • 비행기 예약과 제품 구입 등에 원격적인 작업 수행 가능

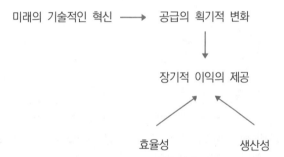

|그림 7-25| 미래의 기술적인 혁신을 통한 공급의 획기적 변화의 영향

〈표 7-6〉에는 4차 산업혁명 기술의 영향 세 가지가 나열되어 있다. 그리고 〈그림 7-25〉에는 미래의 기술적인 혁신을 통한 공급의 획기적 변화의 영향으로 장기적 이익의 제공 측면에서 정리되어 있다.

〈그림 7-26〉에는 2007년부터 2016년까지의 항공 운송업 사업체수(단위: 개)(좌)와 항공 운송업 종사자수(단위: 명)(우)의 동향이 나와 있다. 또한 〈그림 7-27〉에는 2007년부터 2016년까지의 창고 및 운송관련 서비스업 사업체수(단위: 개)(좌)와 창고

및 운송관련 서비스업 종사자수(단위: 명)(우)의 동향이 나타나 있다. 각각의 자료 출처는 한국은행의 경제통계검색시스템[간편검색]에 의하여 나타낸 것이다.

〈그림 7-26〉과 〈그림 7-27〉의 경우 항공 운송업과 창고 및 운송관련 서비스업의 각각 사업체수와 종사자수가 나타나 있는데, 항공 운송업의 경우 사업체수와 종사자수가 모두 감소 추세에 놓여있는 반면에 창고 및 운송관련 서비스업의 경우 사업체수와 종사자수가 모두 증가세를 나타내고 있다. 따라서 이와 같은 현상이 향후에도 지속될 것인지에 대하여 이들 분야에 투자하는 투자자들과 기업체들은 투자 전략과 게임의 법칙상에 있어서 잘 살펴보아야 한다.

정보통신(IT)산업의 기여로 인하여 스마트팩토리와 같은 4차 산업혁명이 물류 및 창고 업무에서도 일어날 것으로 기대되고 있다. 이외에도 직접적으로는 4차 산업혁명 중 블록체인(blockchain) 기술과 지능형로봇과 인공지능, 3D 프린팅사업 등 다양한 사업들과 연결성을 가지며 공동 발전을 해 나갈 것으로 보인다.

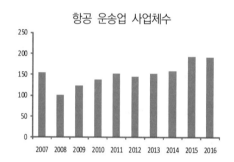

| 그림 7-26 | 2007년부터 2016년까지의 항공 운송업 사업체수(단위: 개)(좌)와 항공 운송업 종사자수(단위: 명)(우)의 동향

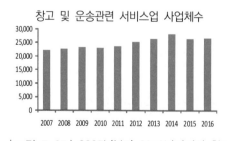

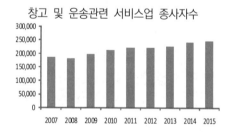

| 그림 7-27 | 2007년부터 2016년까지의 창고 및 운송관련 서비스업 사업체수(단위: 개)(좌)와 창고 및 운송관련 서비스업 종사자수(단위: 명)(우)의 동향

| 표 7-7 | 4차 산업혁명과 경제성장의 촉진

	내 용
4차 산업혁명과 경제성장의 촉진	• 글로벌 공급망(SCM)과 물류의 획기적인 효율화 • 통신 및 운송비용의 절약 • 무역관련 비용 감소 • 4차 산업혁명과 관련된 신시장의 출현

〈표 7-7〉에는 4차 산업혁명과 경제성장의 촉진과 연관되는 네 가지 사항이 정리되어 있다. 그리고 〈그림 7-28〉에는 4차 산업혁명의 장점과 단점 모두 현실 세계에서 복합적으로 출현할 가능성에 대하여 정리되어 있다.

4차 산업혁명과 경제성장의 촉진에서 글로벌 공급망(SCM)과 물류의 획기적인 효율화는 스마트 팩토리시스템을 통한 마케팅 유통경로(marketing channel)과 연계되어 발전될 것이다. 이는 해외 무역과 연계되는 무역규모의 확대와 이를 통한 기업들의 규모경제의 이익에도 도움을 줄 것이다.

통신 및 운송비용의 절약 중에서 통신의 경우 IT기술에 힘입어 비약적으로 발전을 해나가고 있다. 유선전화에서 개개인의 휴대의 모바일(mobile)폰으로 진화하고 인터넷과 연계하여 데이터 전송 등 거의 컴퓨터와 유사하게 발전해 나가고 있다. 운송비용도 이메일서비스의 한계비용이 0인 것과 같이 공공서비스 영역으로까지 4차 산업혁명이 이끌면서 산업적 발전을 해나가고 있다.

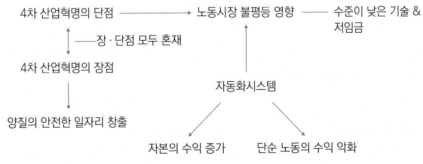

| 그림 7-28 | 4차 산업혁명의 장·단점 모두 현실 세계에서 복합적으로 출현할 가능성

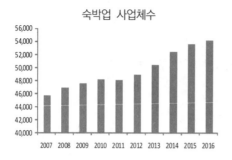
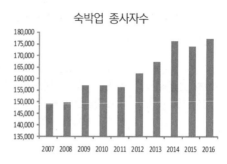

| 그림 7-29 | 2007년부터 2016년까지의 숙박업 사업체수(단위: 개)(좌)와 숙박업 종사자수
(단위: 명)(우)의 동향

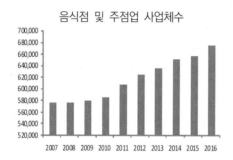
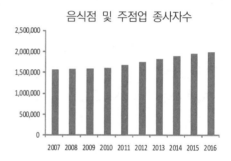

| 그림 7-30 | 2007년부터 2016년까지의 음식점 및 주점업 사업체수(단위: 개)(좌)와 음식점
및 주점업 종사자수(단위: 명)(우)의 동향

　〈그림 7-29〉에는 2007년부터 2016년까지의 숙박업 사업체수(단위: 개)(좌)와 숙박업 종사자수(단위: 명)(우)의 동향이 나타나 있다. 그리고 〈그림 7-30〉에는 2007년부터 2016년까지의 음식점 및 주점업 사업체수(단위: 개)(좌)와 음식점 및 주점업 종사자수(단위: 명)(우)의 동향이 나와 있다. 각각의 자료 출처는 한국은행의 경제통계검색시스템[간편검색]에 의하여 나타낸 것이다.

　〈그림 7-29〉와 〈그림 7-30〉의 경우 숙박업과 음식점 및 주점업의 각각 사업체수와 종사자수가 나타나 있는데, 이들 사업들에서 모두 증가 추세를 보이고 있다. 이에 따라 이와 같은 현상이 향후에도 이어질 수 있을 것인지에 대하여 이들 분야에 투자하는 투자자들과 기업체들은 투자 전략과 게임의 법칙상에 있어서 잘 알아보아야 한다.

정보통신(IT)산업과 융합적으로 발전해 나가는 지능형 로봇(intelligent robot) 사업의 경우에 있어서도 일본의 경우 숙박업인 호텔에서 서비스 업무를 개시한 호텔이 존재하고 있다. 색다른 서비스와 볼거리의 관광객 유치로 인하여 매출이 신장한 것으로 파악되고 있다.

이와 같은 로봇은 한국의 평창올림픽에서 안내용 로봇으로 사용되어 많은 인기를 끈 바 있다. 이와 같은 4차 산업혁명은 향후 지불수단인 가상화폐와 암호화폐, 블록체인(blockchain) 기술 등이 이들 산업과 연계되면서 동반 발전해 나갈 것이다. 이와 같은 4차 산업혁명 이외에도 스마트팩토리시스템(smart factory system), 인공지능, 드론사업 등 다양한 형태의 사업들과 연결성을 가지며 공동 발전을 해 나갈 것으로 판단된다.

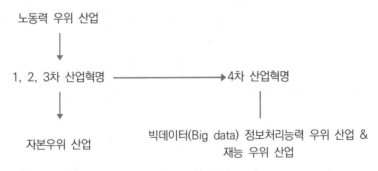

| 그림 7-31 | 4차 산업혁명과 정보 및 재능 우위 산업

또한 노동자와 관련된 4차 산업혁명의 단점으로는 고도로 숙련이 되어 있는 노동자에 대하여 수요증가가 가능하지만, 수준이 낮은 교육 혜택을 받은 노동자들과 기술력이 부족한 노동자에 대하여 이루어지는 수요수준은 감소하는 결과를 초래하고 있다.

한편 기업의 경영진들에게 있어서 4차 산업혁명의 단점은 혁신이 이루어지는 가속도가 얼마나 빨리 진행되는지 예측이 어렵다는 것이다.

반면에 수요자 측면에서 4차 산업혁명의 장점으로는 IT기술을 활용하여 소비자들의 몰입도를 증가시킬 수 있다는 것과 구매와 관련하여 투명성 제고 등이 있다. 그리고 소비자들의 행동에 있어서 데이터 액세스에 대한 기반과 모바일의 네트워

크에 의존성이 증가하게 된다. 이에 따라 수요자의 우위현상이 초래되어 소비자들이 기업에 대하여 마케팅과 공급 방식, 서비스와 제품에 대한 설계 방식의 변화를 유도하게 할 수 있다.

새로운 신기술의 융합적인 발전으로 인하여 4차 산업혁명은 정부조직과 역할에도 변화가 일어날 가능성을 배제하기 어렵다. 따라서 정부는 4차 산업혁명 이전보다 기업과 사회 구성원들과 긴밀한 협력관계를 증진시켜 나가야 한다.

한편 개인의 정보에 대한 보호가 4차 산업혁명에서 새롭게 등장하는 정보기술의 발달로 인하여 더욱 중요해질 수 있다. 하지만 누군가에 의하여 정보가 조작되고 이로 인하여 피해를 받는 정부나 개인, 기업 등이 발생되지 않아야 한다. 이와 같은 정보의 조작은 4차 산업혁명으로 인하여 종국에는 명백하게 드러날 수밖에 없는 것이 현실이기 때문에, 정보의 투명성 제고 및 객관적인 유지를 위하여 현 정부에서도 노력하고 있으며, 동시에 사회, 국민들도 유기체적으로 이를 위하여 협력해 나가야 할 것이다.

그리고 4차 산업혁명 시대에 있어서 기업의 규모를 살펴보면, 민첩성과 속도 측면에서 중소기업이 대기업에 비하여 장점을 가지고 있다. 대기업은 중소기업의 이러한 혁신의 우수성에 초점을 맞추어 협력관계를 강화하고 새로운 기업들 또는 중소기업에 적극적인 투자를 통하여 동반하여 성장해 나가야 할 것이다.

결론적으로 4차 산업혁명 시대에 인공지능(AI)을 위시한 로봇화의 기술이 생명공학과 연계되는 융합적인 IT기술의 체계화 및 고도화, 혁신적인 발전을 통하여 거듭해 나가고 있다. 하지만 아무리 4차 산업혁명의 기술이 발달하고 있다고 하더라도 경제주체들의 정보처리를 이들 기술에만 의존하는 것에는 아직은 한계점이 분명히 있다. 또한 정보 자체도 각 경제주체들이 모두 공유하고 서로 가치의 이익을 나누어가질 수 있는 방향으로, 독점적이지 않고 합리성과 경제성이 동시에 부여되어야 한다.

REFERENCE
참고문헌

Benjamin, K.(2001), "The Microsoft case: What can a dominant firm do to defend its market position?", *Journal of Economic Perspectives*, 15(2).

Brown, S. and Sessions, J.(1999), "Education and Employment Status: A Test of the Screening Hypothesis for Italy", *Economics of Educational Review,* 18.

David, U. and Nir, V.(2001), "E−commerce, mass customization and price discrimination", Technical report, University College, London.

Drew, F. and Jean, T.(2000), "Customer poaching and brand switching", *Rand Journal of Economics,* 31.

Erik, B. and Lorin, M. H.(2000), "Beyond computation: Information technology, organizational transformation and business performance", *Journal of Economic Perspectives,* 14(4).

http://ecos.bok.or.kr/

Jonathan L.(2001), "Information and the market for lemons", *RAND Journal of Economics,* 32(4).

Michael, D. W(2001), "Exclusivity and tying in U.S. v Microsoft: What we know, and don't know", *Journal of Economic Perspectives,* 15(2).

Netzer, N. and Scheuer, F.(2007), "Taxation, Insurance and Precautionary Labor", *Journal of Public Economics,* 91.

Nir, V.(2003), "The Economics of E−Commerce: A Strategic Guide to Understanding and Designing the Online Marketplace", Princeton University Press, Princeton, NJ.

Richard, J. G. and Michael, L K.(2001), "An economist's guide to U.S. v. Microsoft", *Journal of Economic Perspectives,* 15(2).

INDEX
찾아보기

저자 약력

김 종 권

성균관대학교 경제학사 졸업
서강대학교 경제학석사 졸업
서강대학교 경제학박사 졸업
대우경제연구소 경제금융연구본부 선임연구원 역임
LG투자증권 리서치센터 책임연구원 역임
한국보건산업진흥원 정책전략기획단 책임연구원 역임
전 한국경제학회 사무차장
전 한국국제경제학회 사무차장
현재 신한대학교 글로벌통상경영학과 부교수
    한국국제금융학회 이사
    한국무역상무학회 이사

[주요 저서]
재정학과 실무, 박영사, 2017.12

[공 적]
의정부세무서장 표창장(2011.3.3)
국회 기획재정위원장 표창장(2018.5.3)

정보경제학과 4차 산업혁명

초판발행	2018년 9월 3일
지은이	김종권
펴낸이	안종만
편 집	배근하
기획/마케팅	손준호
표지디자인	권효진
제 작	우인도·고철민
펴낸곳	(주) **박영사**
	서울특별시 종로구 새문안로3길 36, 1601
	등록 1959. 3. 11. 제300-1959-1호(倫)
전 화	02)733-6771
f a x	02)736-4818
e-mail	pys@pybook.co.kr
homepage	www.pybook.co.kr
ISBN	979-11-303-0628-5 93320

정 가   18,000원